# BIEN CHINER

BIEN CHINER

## LE GUIDE DE **LA BROCANTE**

Sandra **Tortora**



Les éditions du **Toucan**

*À Marie, à Pauline et à toute ma smala...*

*«Nous sommes tous des Petits Poucets,*
*mais au lieu de semer des cailloux*
*sur notre route, nous les ramassons,*
*toujours dans le but de retrouver notre chemin.»*

Marcel Rufo (*Détache-moi!*).

# Sommaire

# Pensez-y

Les inconditionnels de la brocante le savent bien : chiner nécessite un minimum de préparation. Voici quelques conseils qui vous aideront à chiner malin.

## 1. Bien choisir sa brocante :

Il existe aujourd'hui de nombreux magazines qui proposent des calendriers de manifestations, comme *Aladin* ou *Antiquités-Brocante*. Plusieurs types d'événements sont présentés : des foires thématiques (vieux papiers, jouets anciens, matériel photo...), des brocantes, des vide-greniers ou des salons d'antiquaires. Si vous êtes à la recherche d'une belle armoire, mieux vaut retenir les brocantes ou les salons d'antiquaires. Alors que pour « bibeloter », les vide-greniers sont souvent plus intéressants.

Un conseil, avant de vous déplacer, appelez toujours les organisateurs pour être sûr que la manifestation a bien lieu, surtout si celle-ci est organisée loin de votre domicile.

## 2. Préparez votre paquetage

Une fois que vous avez la confirmation que la manifestation est bien organisée, vous devez préparer votre « paquetage ». Pensez à vous munir d'une lampe de poche (c'est souvent dans les coins sombres que se cache la perle rare), d'un mètre, d'un carnet et d'un stylo, d'un carnet de chèque et d'un peu d'argent liquide. Et habillez-vous en conséquence. En hiver, bannissez les chaussures à semelles de cuir qui laissent passer le froid !

## 3. Quel est le meilleur moment pour chiner ?

C'est bien connu, les meilleures affaires se font dès l'ouverture, «au cul du camion» de préférence. Mais on peut également réaliser de belles opérations à la clôture, lorsque le vendeur n'a pas envie de remballer sa marchandise.

Cela signifie-t-il pour autant que chiner en journée ne revêt aucun intérêt ? Non, heureusement ! Tout dépend bien souvent du contact que vous aurez avec le vendeur.

## 4. Sur place, pas de précipitation

À peine arrivé, vous craquez déjà pour un meuble ou un objet. Évitez de l'acheter tout de suite. Contentez-vous de noter le numéro du stand, avec le descriptif de l'objet et le prix demandé par le vendeur. Vous trouverez peut-être le même exemplaire sur un autre

stand, à un prix ou dans un état plus intéressant. Si ce n'est pas le cas, vous pourrez toujours revenir sur vos pas. Bien sûr, l'objet ou le meuble que vous convoitez a peut-être été vendu. C'est « le » risque. Mais n'est-ce pas ce qui fait le charme de la chine ?

## 5. Marchandez avec respect

Le « marchandage » fait lui aussi partie du charme de la brocante. Mais ne prenez jamais le vendeur de haut. Si le prix qu'il vous propose est élevé, c'est très certainement parce qu'il l'a lui-même payé assez cher. Mettez en avant votre intérêt pour l'objet et ses éventuels défauts, mais sans arrogance. Car il les connaît aussi bien que vous. Faites une proposition « honnête ». Le vendeur n'en sera que plus conciliant.

Et ne revenez jamais sur votre offre. Question de politesse !

## 6. Demandez une facture pour les meubles et objets de valeur

Si vous avez l'intention de vous offrir une pièce de valeur (une armoire, un tableau...) demandez une facture au vendeur. Celle-ci doit impérativement comporter l'origine de la pièce, son prix, la matière et son nom, ainsi que la date et le tampon du commerçant. Car s'il y a eu tromperie sur la marchandise, cette facture engage sa responsabilité.

Attention : une formule type « de style », « attribué à » ou encore « d'après » signifie que vous avez affaire à une copie.

## 7. Que peut-on demander à un expert ?

Aujourd'hui, de très nombreuses manifestations mettent à votre disposition un expert pour vous guider dans vos achats. Il peut par exemple donner son avis sur l'ancienneté d'une pièce et éventuellement vous délivrer un certificat d'authenticité qui engage alors sa responsabilité.

En revanche, un expert n'interviendra jamais sur le prix que vous propose le vendeur

BIEN CHINER

Chapitre 01

# ARGENTERIE ET MÉTAL ARGENTÉ

14

# BIEN CHINER

**Cuillère, timbale, rond de serviette... On a tous chez soi un petit quelque chose en argent ou en métal argenté. Et forcément, un beau jour, on a envie d'en avoir plus...**

## LE **SAVIEZ**-VOUS ?

Inutile de rechercher dans les brocantes de l'argenterie antérieure au XVIII$^e$ siècle. Pour renflouer les finances publiques asséchées par les guerres, et notamment la guerre d'Espagne, de grandes fontes d'argenterie ont été ordonnées en 1689 et en 1709, ainsi que pendant la Révolution française. La plupart des pièces que vous pouvez encore chiner date donc essentiellement du XIX$^e$ siècle.

La technique du métal argenté a été inventée vers 1840 par un Anglais, Henry Elkington. Elle a été exploitée en France, quatre ans plus tard, par Christofle. Le principe : déposer une couche d'argent, par électrolyse, sur un métal, en général du cuivre ou du maillechort (un alliage de cuivre, de nickel et de zinc, qui tire son nom de ses deux découvreurs, Maillot et Chorier).

Sans le métal argenté, de nombreux jeunes couples n'auraient sans doute jamais reçu la fameuse ménagère, composée de 37 pièces (12 cuillères, 12 fourchettes, 12 couteaux et une louche) et jusqu'à plus de 100 pièces pour les plus fortunés.

# SUIVEZ LE GUIDE

Comment différencier une timbale en argent d'une timbale en métal argenté ? C'est simple : regarder les poinçons.

## › Pour l'argent tout d'abord

Je ne vous parlerai pas des poinçons antérieurs au XIXe siècle, puisque l'argenterie du XVIIIe siècle est désormais introuvable dans les brocantes.

Au début du XIXe siècle, il existe trois poinçons légaux : celui du fabricant, de garantie (preuve que l'impôt a été payé) et de titre (qui indique la teneur en argent).

Depuis 1838, seuls deux poinçons subsistent : celui du fabricant et celui de garantie et de titre. Ce dernier représente jusqu'en 1973 une tête de Minerve tournée vers la droite. Cette tête sera ensuite tournée vers la gauche.

## › Pour le métal argenté

Eh oui, même sur le métal argenté on trouve un poinçon ! C'est un poinçon de fabrique qui est en général carré ou rectangulaire. Il est accompagné d'un chiffre qui indique, depuis 1983, l'épaisseur de la couche d'argent.

Enfin, une dernière astuce : très souvent un objet en métal argenté se « désargente » au fil du temps et des éventuels passages dans le lave-vaisselle. La couche d'argent disparaît peu à peu, laissant apparaître le cuivre. D'où cette teinte légèrement jaunâtre qu'on ne trouvera pas sur une pièce en argent.

# MES **COUPS DE** CŒUR

## > LES COQUETIERS

Simples, élégants, raffinés et peu encombrants... Les coquetiers ont tout pour plaire! Une anecdote amusante : vous connaissez sans doute l'expression «gagner le cocotier». Mais vous ignorez certainement qu'elle vient de «gagner le coquetier». Au XIXe siècle en effet, dans les fêtes foraines, on offrait un coquetier aux gagnants. C'est à cette même époque qu'on a pris l'habitude d'offrir un coquetier, une timbale et une cuillère à l'occasion de fiançailles ou de mariages. Dénicher un coquetier aujourd'hui n'a donc rien d'une sinécure. Le choix est vaste.

**Prix : autour de 150 euros** pour un modèle en argent et **entre 40 et 60 euros** pour un modèle en métal argenté.

## > LES CUILLÈRES À ABSINTHE

Boisson mythique, l'absinthe (*artemisia absintium*, du nom d'Artémis, la fille de Zeus) passionne aujourd'hui les collectionneurs. Ils recherchent les verres, les affiches, les fontaines, les bouteilles... et les cuillères. Ces cuillères très particulières, parfois superbement ouvragées, sont trouées, en forme de pelle ou dotées d'un réceptacle, afin d'y accueillir le sucre qui retire l'amertume de l'absinthe.

À repérer : la petite encoche, au niveau du manche, qui permet à la cuillère de bien reposer sur le verre.

**Prix : de 40 à 500 euros, voire 1000 euros** selon la rareté et l'originalité du modèle, sans oublier les matériaux utilisés.

# TRUCS **DE** BROCS

L'argenterie tout comme le métal argenté s'altèrent à l'air libre. Ils noircissent donc très rapidement. Pour les nettoyer, vous pouvez bien sûr acheter dans le commerce un produit destiné à l'argenterie.

Je vous propose cependant une recette de grand-mère, utilisée par les professionnels : diluez une cuillerée à soupe de blanc de Meudon, aussi appelé blanc d'Espagne (poudre vendue en droguerie) avec deux cuillerées à soupe d'alcool à brûler ou à 90°. Frottez votre argenterie ou votre métal argenté avec cette pâte, à l'aide d'un chiffon doux et éventuellement une brosse à dents pour les ciselures. Lustrez avec un chiffon doux. Lavez ensuite à l'eau savonneuse et essuyez immédiatement.

Si vous n'utilisez pas votre argenterie et que vous ne possédez pas de coffret adapté, emballez chaque pièce dans du papier journal et enfermez le tout dans un sac plastique avant de le ranger dans vos placards.

Enfin, je vous rappelle que l'argenterie, contrairement au métal argenté, supporte très bien le lave-vaisselle. Alors n'hésitez pas à vous en servir !

## CÔTÉ **DÉCO**

Pas nécessaire d'acheter un service en argent ou en métal argenté complet. Osez dépareiller les couverts ! Cela vous évitera de débourser en une fois une importante somme d'argent et vous aurez un but avant de partir chiner dans les brocantes ou les vide-greniers. Pour donner un minimum d'unité, fixez-vous cependant un thème : motifs géométriques, fleurs...

Vous venez de dénicher trois timbales en métal argenté : un soir de fête, disposez-les sur une table en y plaçant une rose coupée. Effet raffiné et discret !

## LES BONNES PISTES

Les pièces d'argenterie ou de métal argenté se chinent aujourd'hui encore très facilement dans les brocantes, les vide-greniers, les antiquaires ou les salles de ventes aux enchères.

- Hôtel des ventes du Crédit Municipal de Paris, 55 rue des Francs-Bourgeois à Paris, IVe. Tél. : 01 44 61 65 00.
- Boutique : « La puce d'argent », 99 rue des rosiers, allée 1 stand 34, marché Vernaison des puces de Saint-Ouen (93). Tél. : 01 42 64 34 00.
- Pour les cuillères à absinthe, ne manquez pas le musée de l'Absinthe, situé 44 rue Alphonse Callé, 95430 Auvers-sur-Oise. Tél. : 01 30 36 83 26.
- Brocanteur spécialisé absinthe : Patrice Cordier, 46 rue de la République, 25300 Pontarlier.
Tél. : 03 81 39 50 19. ■

BIEN CHINER

CHINER

Chapitre 02

# L'ÉTAIN

BIEN CHINER

**Après avoir été boudé pendant des années, l'étain revient en force. Sa belle patine, sa simplicité et sa couleur séduisent aujourd'hui de très nombreux chineurs. Évitez les étains art déco. Ils sont sublimes, mais hors de prix !**

## LE **SAVIEZ**-VOUS ?

Dès le Moyen Âge et jusqu'au XIX$^{e}$ siècle, l'étain est partout : dans les églises, les hôpitaux et les maisons. D'où la multitude d'objets que l'on peut aujourd'hui encore dénicher chez les antiquaires ou dans les brocantes. Écuelles, plats, pichets, gobelets, boîtes à saintes huiles pour l'extrême-onction, bénitiers, légumiers... Son principal atout par rapport à l'argent : il ne s'oxyde pas. En plus, il n'est pas très cher et il est extrêmement malléable, donc facile à travailler.

Au XIX$^{e}$ siècle, *exit* l'étain. D'autres matériaux apparaissent : la faïence ou la porcelaine. Mais à partir de 1880 un orfèvre le remet à l'honneur. Son nom : Jules Brateau. L'étain n'est désormais plus seulement utilitaire, il devient décoratif et va connaître un nouveau souffle.

Attention à la « peste » ! Lorsqu'un objet en étain est exposé à une température inférieure à – 13 °C, des petites boursouflures apparaissent et le métal finit par s'effriter. Voilà pourquoi on emploie le terme de peste. Il est toujours possible de soigner ce mal, à condition d'agir rapidement en allant voir un spécialiste.

## **SUIVEZ** LE **GUIDE**

Comment repérer un étain ancien d'une simple reproduction ? Vous pensez bien sûr au poinçon. Hélas,

depuis le Moyen Âge, des centaines de poinçons différents sont répertoriées dans le monde. En plus, certains artisans ont utilisé au XVIII^e siècle des poinçons datant du XVII^e siècle. Difficile donc de s'y retrouver lorsqu'on n'est pas expert.

Voici cependant quelques indices.

Au XVIII^e siècle, les étains se composent d'étain pur à 90 ou 95 %, auquel on a ajouté 5 à 10 % de plomb pour le renforcer. Ces étains anciens sont assez clairs avec une légère teinte jaune.

Les plus récents contiennent au moins 40 % de plomb. Ils affichent une couleur plus terne, tirant un peu sur le bleu. Ils sont plus lourds, à cause du plomb. Et lorsque vous les frottez, vous avez des traces sombres sur les doigts.

Ensuite, écoutez ! Si vous frappez un étain ancien avec un objet métallique (une clé fait parfaitement l'affaire), il tintera. Avec un étain moderne, vous n'obtiendrez qu'un son étouffé.

Dernier indice, la patine : si elle est identique à l'intérieur comme à l'extérieur, elle est certainement artificielle. Il est peu probable que votre étain soit ancien. Sachez enfin qu'une patine ancienne présente souvent des petites piqûres noires et n'est jamais très brillante.

# MON **COUP DE** CŒUR

## LES MESURES EN ÉTAIN

Les mesures en étain se présentent, depuis la fin du XVIII^e^ siècle, sous la forme de sept à huit pots cylindriques, de taille décroissante. Il est aujourd'hui bien rare de dénicher des séries complètes dans les brocantes. Mais après tout, peu importe, ces mesures demeurent de sublimes objets de décoration. Leur histoire est, en plus, assez amusante.

Avant la Révolution française, il n'existe pas de mesures communes à l'ensemble du territoire français. Chaque région a son propre système de mesure pour les liquides : la pinte, la chopine... Ainsi, un pichet de vin à Paris n'a pas la même contenance qu'un pichet à Lyon. Imaginez la confusion et la pagaille que cela engendrait pour le commerce !

Le 7 avril 1795, un décret impose le système décimal. La fabrication des anciens pichets est interdite au profit de mesures réglementaires. Désormais, la capacité des liquides est la même : le litre devient la mesure de référence. À côté du litre, on trouve le double litre, le demi-litre, le décilitre, le double décilitre ou encore le demi-décilitre.

**Prix : ils varient selon leur ancienneté, leur état et le nombre de mesures. Mais comptez entre 80 et 1 500 euros pour une série.**

## TRUCS **DE** BROCS

Pour restaurer les étains, les professionnels utilisent des produits très agressifs à base de chlore. Je vous déconseille vivement de vous lancer dans ce type d'opération, qui risque de causer des dégâts irréversibles en attaquant le métal.

En revanche, l'entretien courant est facile et sans danger. Si vos étains ont noirci au fil des ans, nettoyez-les tout simplement avec une éponge douce et du savon (de Marseille, par exemple). Mais bannissez les brosses métalliques : elles rayent l'étain.

Ensuite, rincez-les bien à l'eau et essuyez-les avec une serviette-éponge. Attention, la serviette va noircir : évitez celle qu'on vous a offerte à Noël !

Si vos étains sont très encrassés, vous pouvez acheter dans le commerce un produit « spécial étain » ou encore vous servir de celui que vous utilisez pour l'argenterie. Mais surtout pas un produit destiné au cuivre : ses composants acides endommageraient l'étain.

Pour les polir, rien de tel qu'une peau de chamois ou... du papier journal pour les rendre brillants.

## CÔTÉ **DÉCO**

Vous avez craqué pour une paire de bougeoirs en étain ? Ils ne sont pas forcément anciens, mais qu'importe, ils vous ont plu. Deux possibilités : les conserver dans leur jus ou les peindre. Pour cela, commencez par les nettoyer. Puis appliquez deux ou trois couches de peinture acrylique (blanc cassé ou gris). Vous pouvez ensuite poncer les angles avec du papier de verre. Il s'agit ici d'user artificiellement la peinture pour donner aux bougeoirs un aspect vieilli. Terminez en appliquant une couche de cire. Facile !

## LES BONNES PISTES

Les étains se chinent dans les brocantes, les vide-greniers, les antiquaires ou les salles de ventes, et plus particulièrement, à l'occasion de ventes aux enchères d'art populaire.

- Maison de l'étain, 15 rue du Général-Huard, 50800 Villedieu-les-Poêles : vous pouvez visiter l'atelier fonderie toujours en activité et la collection Jules Brateau. Tél. : 02 33 51 05 08. ■

BIEN CHINER CHINER

Chapitre 03

# LE CUIVRE ET LE LAITON

# BIEN CHINER

**Si je vous dis « cuivre », vous pensez bien sûr aux cuivres de cuisine (le *must* selon les grands restaurateurs, car le cuivre répartit la chaleur uniformément). Mais le cuivre a également été utilisé dans de nombreux autres domaines : pour fabriquer des lampes et même des pièces de monnaie !**

## LE **SAVIEZ**-VOUS ?

On entend très souvent parler de « cuivre rouge » et de « cuivre jaune ». Grossière erreur : le cuivre jaune, ça n'existe pas ! Le cuivre est toujours rouge. C'est le laiton qui est jaune.

Jugé moins « noble » que le cuivre, le laiton (alliage de cuivre et de zinc) présente cependant deux énormes avantages : il est plus solide et moins cher que le cuivre.

Les dinandiers ne travaillent pas le cuivre : ils le battent, c'est-à-dire qu'ils le frappent pour lui donner sa forme. D'où l'expression de « batterie de cuisine ». À ce propos, savez-vous combien de pièces comportait une batterie de cuisine, dans certaines grandes maisons du XIXe siècle ? Deux cents !

Certains cuivres anciens portent les initiales ou les insignes de leur propriétaire. Ce n'est pas par forfanterie. Ces marques permettaient juste d'identifier le propriétaire après l'étamage.

## **SUIVEZ** LE **GUIDE**

Le prix d'un objet en cuivre, notamment un cuivre de cuisine, dépend de plusieurs critères : l'originalité du modèle (une turbotière sera souvent plus onéreuse qu'une casserole classique), sa provenance (s'il porte

le nom d'un grand restaurant, c'est une plus-value) et son ancienneté.

Ne parlons pas des cuivres du XVIIIe siècle, ceux-ci se trouvent désormais dans les musées ou dans des collections privées. En revanche, on peut dénicher dans les brocantes des modèles qui peuvent dater du XXe siècle ou du XIXe siècle. Comment faire la différence?

Regardez tout d'abord l'épaisseur du cuivre. Elle a tendance à s'affiner au cours des siècles. Un cuivre est donc plus mince au XXe siècle qu'au XIXe siècle.

Deuxième indice, le poids. Plus un cuivre est lourd, plus il a de chances d'être ancien. Prenez par exemple une casserole : un modèle du début du XIXe siècle pèse au minimum trois kilos. Le même modèle, mais du XXe siècle, pèse souvent moins de deux kilos.

Troisièmement, une forme et un relief trop parfaits indiquent que la pièce a été réalisée en usine. Il ne s'agit alors en aucun cas d'une fabrication manuelle.

Autre détail à vérifier, les points d'assemblage au niveau des anses par exemple : sur les cuivres anciens, elles sont rivetées. Sur les plus modernes, elles sont soudées.

Enfin, un dernier indice, à propos des casseroles notamment : si la poignée est forgée et qu'elle présente des aspérités, il est très probable que la casserole que vous convoitez soit ancienne.

## MES **COUPS DE** CŒUR

### > LES MOULES À GÂTEAUX

J'avoue avoir un petit faible pour les moules à gâteaux : moule à soufflé, à madeleines, à kouglof, à savarin ou à cannelé... Mais je ne suis pas la seule. Leur cote a donc tout naturellement... explosé !

**Prix : de 50 à 300 euros** pour les plus élaborés.

### > LES LAMPES PIGEON

Belle réussite pour Charles Pigeon ! Entre 1885 et 1915, cet ancien vendeur du Bon Marché a inventé et vendu plus de trente millions de lampes à essence. Attention, il existe de nombreuses reproductions. Pour les authentifier, sachez que toutes les lampes Pigeon sont signées sur la molette qui fait monter la mèche et sur (ou sous) le corps de la lampe. Elles sont généralement en laiton ou en cuivre pour les modèles de bateaux, alors que les imitations sont en fer. Enfin, dans une reproduction, l'intérieur est souvent vide : elles ne peuvent pas fonctionner.

**Prix : de 20 à 90 euros** selon les modèles.

## > LES MONNAIES DE NÉCESSITÉ

Nous sommes en 1914. Face à l'imminence de la guerre, les Français commencent à stocker précieusement leurs pièces en argent, l'argent étant à l'époque une valeur refuge. Par ailleurs l'État, complètement absorbé par l'effort de guerre, n'est plus en mesure d'assurer la production des pièces. Il n'y a donc pas assez de monnaie en circulation. Comment payer sa baguette de pain ou son ticket de tramway ? Pour éviter une paralysie économique du pays, l'État autorise le 16 août 1914 la frappe d'une monnaie dite « de nécessité ». Ces pièces qui sont généralement en laiton, parfois en cuivre, ne seront retirées de la circulation qu'en 1928. Histoire étonnante, non ?

**Prix : de 1 à 150 euros selon leur état, leur rareté et leurs décors.**

# TRUCS **DE** BROCS

Une règle d'or, si vous utilisez vos cuivres de cuisine : les faire rétamer ! L'oxyde de cuivre est en effet extrêmement toxique. Il est donc impératif de les confier à un étameur tous les deux ans. L'étamage consiste à passer une couche d'étain à l'intérieur des cuivres. Comptez environ 20 euros pour une casserole.

Seule exception : les bassines à confiture. En effet, la cuisson du sucre à très haute température est vivement déconseillée dans un récipient en étain.

Pour l'entretien courant, vous pouvez nettoyer la partie étamée (donc l'intérieur) à l'eau savonneuse.

Et pour la partie non étamée, vous avez deux solutions : achetez dans le commerce une crème à polir, rincez le tout à l'eau et lustrez avec un chiffon doux.

Ou alors, et c'est la deuxième solution, vous préparez une recette à base de jus de citron pressé, de farine et de sel fin. Vous en badigeonnez vos cuivres à l'aide d'un pinceau. Vous rincez. Et vous laissez sécher le tout quelques heures... au soleil !

## CÔTÉ **DÉCO**

Vous avez acheté une lampe Pigeon et le vendeur vous assure qu'elle est en état de fonctionner ? Quelques conseils, avant de l'allumer : vérifiez les soudures, assurez-vous qu'elle possède toujours ses rondelles de feutre, indispensables à la sécurité de la lampe et faites vos essais en plein air...

Je ne vous cache pas que l'opération est risquée. Il existe une autre solution : faire électrifier votre lampe, en y adaptant une douille. N'hésitez pas pour cela à vous faire aider par un électricien car, avec un bel abat-jour, le résultat est souvent très réussi.

## LES BONNES PISTES

- À visiter : le village de Villedieu-les-Poêles, dans la Manche (50), qui abrite aujourd'hui encore des ateliers de fabrication.
- L'Atelier du cuivre et de l'Argent, 111 avenue Daumesnil, à Paris, XII$^{e}$. Tél. : 01 43 40 20 20.
- Les boutiques
  - Bachelier Antiquités, 18 rue Paul Bert, allée 1 stand 17, marché Paul Bert des puces de Saint-Ouen (93). Tél. : 01 40 11 89 98. www.bachelier-antiquites.com
  - Dehillerin, 18-20 rue Coquillière à Paris, I$^{er}$. Tél. : 01 42 36 53 13. www.e-dehillerin.fr
- À lire : *Les cuivres de cuisine*, de Jean-Claude Renard, aux éditions de l'Amateur. ■

BIEN CHINER CHINER

Chapitre 04

# LE ZINC

**Ce métal est aujourd'hui très tendance. Il décore aussi bien les intérieurs design que les maisons rustiques ou les jardins. Alors, laissez-vous tenter !**

## LE **SAVIEZ**-VOUS ?

Le zinc a une qualité exceptionnelle : en s'oxydant, il forme une couche imperméable à l'air. On l'a donc utilisé dans de très nombreux domaines, et plus particulièrement lors du réaménagement de Paris, par le baron Haussmann.

Il a été découvert au XIII$^{e}$ siècle, en Inde. Mais la première fusion en usine a été réalisée en Angleterre, à Bristol, en 1743. Très vite, la production de zinc s'est intensifiée et notamment en Belgique. Pourquoi en Belgique ? Parce que c'est là que résidait Jean-Jacques Dony, un chanoine qui vouait une véritable passion... à la recherche industrielle en général et au zinc en particulier ! Vous en avez peut-être déjà entendu parler car c'est lui qui a réalisé la célèbre baignoire de

voyage en zinc de Napoléon. Ses recherches sur le zinc ne l'auront cependant pas enrichi. Il est mort en 1819, dans la plus grande pauvreté.

Pourquoi les comptoirs de bistrots sont-ils appelés des « zincs » ? Parce qu'ils sont en zinc, pensez-vous… Mauvaise réponse ! La plupart des anciens comptoirs étaient réalisés dans un alliage d'étain et de plomb. Alors, d'où vient l'erreur ? À la Libération, un proverbe disait « qu'un bon plombier-zingueur ne monte jamais à jeun sur un toit ». Autrement dit, ceux-ci étaient souvent au comptoir des bistrots… Mythe ou réalité ? La question fait toujours débat… autour des comptoirs.

## SUIVEZ LE GUIDE

Cuvettes, seaux, bassines, baignoires, arrosoirs, œil-de-bœuf, girouettes, épis de faîtage…

Du zinc, on en trouve partout, il suffit juste d'ouvrir l'œil : arpentez les brocantes et les vide-greniers. Fouillez les caves et les remises. Pensez aussi à fureter du côté des récupérateurs de métaux anciens ou des ferrailleurs. Il y a toujours des trésors à y découvrir.

N'espérez cependant pas dénicher des objets en parfait état. Il n'y en a presque pas, et pour cause ! Réputé pour son imperméabilité, le zinc a essentiellement été utilisé pour réaliser des objets d'extérieur. Ceux-ci ont été exposés pendant plusieurs décennies aux caprices de la météo. D'où cette patine incomparable.

Côté prix, sachez que le zinc, contrairement à d'autres matériaux comme l'argent ou le cuivre, n'a pas (encore) de cote dans les brocantes. Le fait qu'un arrosoir soit en zinc ne lui apportera donc aucune plus-value particulière. Ce qui compte ici, c'est l'originalité de l'objet, ses éventuelles décorations et son état de conservation.

## MES **COUPS** **DE** CŒUR

### > LES ÉPIS DE FAÎTAGE

**Prix : de 50 à 5 000 euros** selon les matériaux utilisés, leur taille et leur originalité.

Vous ne voyez pas de quoi il s'agit ? Levez la tête et regardez bien le toit des vieilles fermes ou des gentilhommières, en Normandie par exemple. Vous y apercevrez de nombreuses sculptures aux formes géométriques, humaines ou animales. Ce sont des épis de faîtage.

À l'origine, ces épis de faîtage servaient à protéger le poinçon de la toiture (cette poutre verticale qui traverse le toit des anciennes charpentes) contre les infiltrations d'eau. Certains affirment même qu'ils éloignaient les mauvais esprits de la maison.

Ces épis sont par la suite devenus de véritables objets d'ornement de la toiture. Aujourd'hui, on les chine pour décorer une étagère, un buffet ou une cheminée. Boules, pointes pyramidales, croix ou encore coqs, pigeons, palombes, en pierre, en zinc ou en terre cuite... Il y en a pour tous les goûts.

### > LES VIEUX ARROSOIRS

Les plus anciens modèles, tels que nous les connaissons aujourd'hui, datent du XVIII^e siècle. Ils sont alors très lourds et peu maniables. Ce n'est qu'au XIX^e siècle, que les arrosoirs seront réalisés dans des matériaux plus légers, en tôle ou en zinc. Plus besoin d'avoir des biceps en acier pour arroser ses plantes ! À chiner en

série pour décorer une allée de jardin ou à l'unité pour y mettre des fleurs.

**Prix : de 15 à 150 euros selon leur état de conservation, leur esthétique et les matériaux utilisés.**

## TRUCS **DE** BROC

Le zinc est apprécié pour sa patine et son aspect mat. Ne cherchez donc pas à lui rendre son brillant d'origine. Contentez-vous d'un nettoyage sommaire avec de l'eau savonneuse.

Pour faire partir les éventuels dépôts calcaires, utilisez une éponge imbibée de vinaigre banc.

Vous pouvez également plonger vos objets dans de l'eau avec un peu d'ammoniaque (pour cette opération, pensez à vous munir de gants et de manches longues), frottez-les à l'aide d'une brosse, rincez abondamment, essuyez et séchez.

Passez ensuite une couche de cire avec un chiffon doux.

Si les objets sont rouillés, mettez des sels d'étain dans de l'eau, diluez bien le tout et laissez-y mariner vos objets pendant une nuit complète. Brossez ensuite les points de rouille. Puis nettoyez comme indiqué ci-dessus.

Une fois que vos objets sont propres, vous avez deux possibilités : les exposer tout simplement « dans leur jus ». Vous pouvez aussi vous amuser à les détourner. Les résultats sont souvent surprenants.

# CÔTÉ **DÉCO**

Le zinc se prête très bien au détournement d'objets. Vous pouvez par exemple recycler des persiennes en tête de lit ou pour suspendre des petits tableaux, confectionner un miroir avec un œil-de-bœuf ou transformer un arrosoir en lampe. Tout est possible, tout est réalisable !

## LES BONNES PISTES

Impossible de vous citer tous les récupérateurs de matériaux anciens, il en existe dans la plupart des régions de France.

- L'un de mes préférés : chez Beaumarié, 227 rue de Versailles, 92410 Ville-d´Avray : une véritable caverne d'Ali Baba qui a accueilli de nombreux tournages de films. Tél. : 01 47 09 68 02.
- Boutique : Arzinc, 84 rue de la Chapelle à Paris, XVIII$^{e}$. Création de meubles et objets en zinc neufs ou recyclés, mélangés à du bois... Tél. : 01 40 09 74 46. www.arszinc.com
- À visiter : le village de Magnac-Bourg, en Haute-Vienne (87), pour ses nombreux épis de faîtage.
- À lire : *Dans les belles maisons d'autrefois – Éléments d'architecture et matériaux de récupération*, de Christine Comte, aux éditions du Chêne. ■

BIEN CHINER CHINER

Chapitre 05

# LE BRONZE

# BIEN CHINER

**Les objets en bronze sont légion dans les brocantes : chandeliers, bougeoirs, cadres, statuettes, chenets... Attention cependant à ne pas confondre le bronze avec un autre alliage, le régule.**

## LE **SAVIEZ**-VOUS ?

Un objet en bronze (alliage de cuivre et d'étain) n'est jamais unique. L'artiste réalise tout d'abord un modèle en plâtre ou en bois. À partir de ce modèle, on réalise un moule que l'on remplit de sable ou de cire. Puis on y coule le bronze. Le modèle initial peut donc être reproduit à l'infini. Sauf si l'artiste a prévu un tirage limité de son œuvre.

Au XIXe siècle, un autre alliage est découvert : le régule, également appelé « le bronze du pauvre ». En effet, une fois qu'il est peint, le régule ressemble à s'y méprendre au bronze. Le régule ne contient pas de cuivre, mais de l'antimoine. Son âge d'or se situe lors la Première Guerre mondiale, l'essentiel du cuivre (indispensable au bronze) étant alors réservé à la fabrication de munitions.

Pendant la Seconde Guerre mondiale, le village de Montmahoux dans le Doubs, est occupé par les Allemands. L'armée est alors à la recherche de bronze. Il y a bien le christ en bronze au-dessus du mont... Osé ! Pourtant, les Allemands envoient une autochenille pour le dérober. Elle tente l'ascension, mais se renverse. Par peur de représailles célestes, les Allemands renonceront au christ. C'est en tout cas ce que raconte la légende.

# SUIVEZ LE GUIDE

En matière de bronze, il existe plusieurs types de contrefaçon : les fausses signatures comme celles de Barye, célèbre pour ses sculptures animalières ou les bronzes qui ont été réalisés sans l'accord de l'artiste et du fondeur. Là, pas de recette miracle. Vous devez faire appel à un expert.

Reste les imitations en régule. Comment alors distinguer le bronze du régule ?

Un poinçon pour le bronze, n'y comptez pas ! Il y en a bien eu un jusqu'à la première moitié du XVIII^e siècle, représentant un C surmonté d'une couronne. Mais il a disparu et on ne l'a plus jamais utilisé.

Les traces d'oxydation alors ? Pas plus, l'oxydation artificielle est un jeu d'enfant pour les faussaires.

Il n'y a en réalité que deux astuces : la première consiste à retourner l'objet que vous avez repéré et à le gratter avec un objet métallique, une clé par exemple.

Si le métal qui apparaît alors est jaune, vous avez certainement un objet en bronze entre les mains.

En revanche, s'il est gris, pas de doute possible, c'est du régule.

Et deuxième indice, toujours à l'aide de votre clé, frappez l'objet et écoutez bien le son qu'il produit. S'il est en bronze, vous allez entendre un tintement, comme une cloche. Alors qu'un objet en régule ne produira qu'un son mat, sans aucune profondeur.

# MES **COUPS DE** CŒUR

## › LES CHANDELIERS

Si j'ai choisi de vous parler des chandeliers, c'est parce qu'en plus de leur élégance, on peut aujourd'hui très facilement les faire électrifier. Il suffit juste d'y placer une douille et de chiner un bel abat-jour.

**Prix : de 50 euros pour un modèle du XXe siècle à 300 euros pour un modèle du XVIIIe siècle.**

Pour les dater, examinez tout d'abord le pas de vis. Si les rainures sont parfaites, le chandelier a été réalisé à la machine (donc XXe siècle). En revanche, si les rainures sont irrégulières, il a été fait à la main et date donc très probablement du XIXe siècle.

Pensez aussi à regarder les traces d'usure (inévitables sur un modèle du XIXe siècle) à la base des pieds et au niveau du poussoir (ce bouton coulissant dans une fente qui permet d'ajuster la hauteur de la bougie).

## › LES MASCOTTES DE RADIATEURS

Customiser sa voiture est un passe-temps qui ne date pas d'hier. Dès le début du XXe siècle, les constructeurs et les automobilistes ont pris l'habitude d'orner le bouchon de radiateur de leur véhicule d'une petite statuette, généralement en bronze : la mascotte de radiateur. Les plus connues sont le fameux lion de Peugeot ou la femme ailée de Rolls-Royce. Mais les années 1960 sonnent le glas de ces statuettes. D'abord parce que leur support, le radiateur apparent, disparaît. Ensuite, et surtout parce qu'elles étaient jugées trop dangereuses pour les piétons. Seules quelques marques en disposent toujours aujourd'hui, car elles s'effacent en cas de choc.

Ces mascottes sont devenues de véritables objets de collection qui se chinent dans les brocantes, les ventes aux enchères ou dans les salons de voitures anciennes.

**Prix : de 50 à... 76 000 euros (l'éléphant de la Bugatti Royale) selon les matériaux utilisés, la rareté et l'originalité du modèle.**

## TRUCS **DE** BROCS

Vous avez très certainement remarqué qu'il existe différents types de bronze. Certains sont patinés (les teintes varient alors du brun au vert en passant par le noir), d'autres sont dorés. Attention, on n'entretient pas de la même façon ces deux types de bronze.

Pour les bronzes patinés, commencez par les dépoussiérer avec un plumeau ou un pinceau. Ensuite, passez un chiffon légèrement imprégné d'huile de paraffine et faites-le briller avec un tissu doux.

Bannissez les brosses métalliques. Elles rayent le bronze et attaquent la patine qui le protège de l'oxydation. Pas d'éponge humide (toujours à cause de l'oxydation).

Si la patine est abîmée, il faut intervenir rapidement. Il existe dans les magasins spécialisés des produits pour refaire cette patine. Mais comme un décapage est avant tout nécessaire, mieux vaut demander l'avis d'un restaurateur.

Pour les bronzes dorés, dépoussiérez-les avec un chiffon doux et frottez-les délicatement pour ne pas retirer la dorure. S'ils sont très sales, vous pouvez les laver avec de l'eau ammoniaquée (à manipuler avec beaucoup de précaution). Attention, il est impératif de bien faire sécher votre bronze, sinon, il va s'oxyder. Pour cela deux astuces : utilisez un sèche-cheveux ou mettez-le dans de la sciure de bois qui va absorber toute l'humidité, et ce, dans les moindres recoins. Ensuite, un coup de pinceau pour épousseter la sciure. Astucieux non ?

## LES BONNES PISTES

Vous êtes à la recherche de statuettes, de chenets ou de candélabres ? Faites les brocantes, les antiquaires ou les salles des ventes.

- Restaurateur : Restaur'Bronze, 41 rue Faidherbe à Paris, XIe. Tél. : 01 43 71 44 25. www.restaurbronze.com
- Fonderie de Coubertin : au Domaine de Coubertin 78470 Saint-Rémy-les-Chevreuses.
  Tél. : 01 30 85 69 41. www.fonderie-coubertin.com
- Pour les mascottes de radiateurs : expert, Gérard Prévot, 27 avenue du Maréchal-Lyautey, 94100 Saint-Maur. Tél. : 06 75 37 54 59.
- Et deux salons : Automédon en octobre (www.automedon.fr) et Rétromobile en février (www.retromobile.fr), à Paris. ■

BIEN CHINER CHINER

Chapitre 06

# LE FER-BLANC

Au début du XX^e siècle, le fer-blanc est partout : dans les cuisines, les chambres d'enfants, à la ville comme à la campagne. Lampes, lanternes, casseroles, boîtes... Des petits objets souvent charmants, toujours décoratifs.

## LE **SAVIEZ**-VOUS ?

L'invention du fer-blanc, cette tôle d'acier recouverte d'une couche d'étain pour la protéger de la rouille, est attribuée aux métallurgistes de Bohême du XIII^e siècle. Pendant quatre siècles, leur secret de fabrication est précieusement gardé. Mais au XVII^e siècle, Colbert l'importe en France. Et dès le XVIII^e siècle, le fer-blanc se répand dans toute l'Europe.

Il atteint son apogée au XIX^e siècle, grâce à deux découvertes majeures : l'appertisation (la stérilisation des denrées alimentaires chauffées au bain-marie dans des contenants hermétiques, mise au point par Nicolas Appert) et la boîte de conserve en métal (brevet déposé par Pierre Durand en 1810).

Jusqu'au milieu du XX^e siècle, le fer-blanc domine dans les maisons, car il est peu onéreux, sain et léger. Il peut être brut, peint, lithographié, chromolithographié ou émaillé.

Après la Seconde Guerre mondiale, il est détrôné par de nouveaux matériaux comme l'aluminium (qui ne s'oxyde pas) ou les matières plastiques.

On parle de fer « blanc » pour le distinguer du fer noir ou fer ordinaire.

## SUIVEZ LE GUIDE

Le prix d'un objet en fer-blanc dépend de son état de conservation (des bosses, des traces de rouille importantes ou des couleurs abîmées font forcément chuter sa cote), de son originalité (une assiette par exemple aura toujours moins de valeur qu'un moule à chocolat), et de son ancienneté.

Comment dater un objet en fer-blanc ? Examinez tout d'abord les points de soudure. Sur les plus anciens modèles, la soudure est réalisée à l'étain : vous distinguez alors des lignes brillantes et plus claires que le fer-blanc. Par la suite, ces objets sont soudés par points : il n'y a alors plus de lignes, juste des points plus clairs.

Ensuite, un état trop parfait doit vous alerter : un objet en fer-blanc ancien aura très souvent quelques bosses, d'éventuels points de rouille et une teinte mate.

Enfin, êtes-vous bien certain que l'objet que vous convoitez est bien en fer-blanc et non en aluminium (apparu bien plus tard que le fer-blanc) ? Pour faire la différence entre ces deux matériaux très similaires, il existe un test très simple à réaliser. Prenez un aimant. S'il adhère à l'objet, il s'agit de fer. S'il tombe, vous avez très certainement entre les mains un objet en aluminium, qui ne peut donc pas dater du XIX^e siècle.

PATROL

# MES **COUPS** **DE** CŒUR

## > LES MOULES À CHOCOLAT

Les petits moules à chocolat en fer-blanc ont la cote aujourd'hui. Les plus anciens datent du début du XIXe siècle (auparavant, ils étaient réalisés en terre cuite). Ils se composaient alors d'une seule pièce et ne moulaient donc qu'une seule face.

Par la suite, les moules en deux parties fermés par une charnière sont apparus et les motifs se sont diversifiés : animaux, personnages, cloches, moyens de transports... À consommer sans modération !

**Prix : de 10 à 100 euros selon leur état, leur taille, leur complexité et l'originalité de la pièce.**

## > LES JOUETS DE QUATRE SOUS

Ils sont rayés, passés, démodés. Les jouets en tôle ne font plus le bonheur des bambins d'aujourd'hui. En revanche, certains collectionneurs sont prêts à payer cher pour retrouver la petite voiture ou le canard de leur enfance.

Apparus à la fin du XIXe siècle, ces jouets étaient réalisés avec des restes de découpes de tôle utilisée pour la confection d'ustensiles ménagers. C'est pourquoi on les appelle « jouets de quatre sous ».

Parmi les grandes marques, retenez Marklin, Jep, sans oublier les célèbres Penny Toys.

**Prix : de 30 à 500 euros selon leur état, leur rareté et leur complexité (certains sont animés).**

## > LES BOÎTES À BISCUITS

**Prix : de 15 à... 1500 euros !**

On peut aujourd'hui encore se faire plaisir avec une boîte à biscuits sans forcément se ruiner. Il suffit juste de ne pas être trop exigeant. Ce qui fait la valeur de ces boîtes : leur ancienneté, leur originalité (certaines sont en trompe-l'œil : bus, livres, voitures...), leur rareté et enfin leur état.

# TRUCS **DE** BROCS

Le fer-blanc est un matériau très fragile : il se déforme facilement (d'où les bosses sur les objets anciens) et il s'oxyde.

Ne conservez donc jamais vos trésors dans des endroits humides. Optez pour des lieux secs.

Pour atténuer les éventuels points de rouille sur des objets en fer-blanc brut, brossez-les avec du papier de verre, à condition qu'il soit très fin et mouillé.

Contre la crasse, un peu de white-spirit fera l'affaire. Pensez bien sûr à appliquer un produit anti corrosif.

Enfin, si vos objets ont une vocation uniquement décorative, vous pouvez parfaire les finitions en appliquant une couche de cire d'abeille ou les lustrer à l'aide d'un papier journal. Pour tous les autres (casseroles, moules...), un peu d'huile alimentaire suffira.

Enfin, pour les objets en fer-blanc chromolithographiés, sachez qu'il existe dans le commerce des produits spéciaux qui leur rendront leur éclat.

## CÔTÉ **DÉCO**

Pas besoin d'une grande mise en scène pour mettre ses petits objets en valeur. Une collection de moules à chocolat sur une commode ou encore deux lanternes posées de chaque côté d'un buffet suffisent à décorer le coin d'une pièce. Maintenant, certains ont des idées assez étonnantes en réalisant des lampes avec des vieux égouttoirs ou des moules à gâteau. Voyez par exemple Jean-Pierre Guisiano, à Marseille. Tél. : 06 10 25 87 53.

## LES BONNES PISTES

Utilisés en masse pendant plus d'un siècle, les objets en fer-blanc se dénichent aujourd'hui très facilement dans les brocantes et les vide-greniers. On peut également en trouver chez les vendeurs d'objets d'art populaire ou en consultant les petites annonces des magazines spécialisés comme *Aladin, Antiquités-Brocante*...

- Pour les jouets anciens, il existe de nombreux salons spécialisés, comme ToyMania en avril à Paris. www.toymania.fr
- Si vous souhaitez admirer de très belles pièces, direction le musée du fer-blanc, Le Bourg, 43330 Saint-Arcons-d'Allier. Tél. : 04 71 74 02 04. ■

BIEN CHINER CHINER

Chapitre 07

# LA TÔLE ÉMAILLÉE

PÂTE

# BIEN CHINER

**Même à l'heure des cuisines ultramodernes, les objets en tôle émaillée trouvent toujours leur place dans nos intérieurs. Cafetières, porte-louches, boîtes à épices, casseroles... Attention, il existe de nombreuses rééditions.**

## LE **SAVIEZ**-VOUS ?

Les premiers ustensiles de cuisine en tôle émaillée datent du milieu du XIX^e siècle. Très vite, ils vont s'imposer dans la plupart des foyers de France et de Navarre. La tôle émaillée présente en effet de nombreux avantages : elle est moins fragile et plus légère que la céramique, elle ne nécessite aucun entretien particulier contrairement au cuivre; la fabrication en usine permet de proposer des prix très attractifs. Et surtout les femmes vont succomber aux charmes de ses décors : ambiance champêtre, animaux, chinoiseries, damiers...

À l'origine, ces décors sont peints à la main. Ils seront par la suite imprimés : par décalcomanie, au pochoir, au tampon...

La tôle émaillée va ainsi régner dans les cuisines pendant près d'un siècle. Mais la pénurie de métal lors de la Seconde Guerre mondiale, et surtout l'apparition de matières nouvelles (comme le plastique, l'aluminium et l'acier inoxydable) finissent par lui voler la vedette dans les années 1960.

Parmi les émailleries les plus célèbres, retenez celle des frères Japy, Luc et Cie ou encore l'Émaillerie parisienne pour la France; Saint-Servais et Aubecq pour la Belgique, et Austria et Duco pour l'Autriche.

# SUIVEZ LE GUIDE

Le prix des objets en tôle émaillé dépend de plusieurs critères : leur état, leur décor et leur ancienneté.

Premier critère, l'état de conservation : l'émail ne doit pas être trop abîmé (on tolère cependant quelques éclats mineurs), et l'objet doit être complet. Un couvercle manquant fait forcément chuter sa cote.

Deuxième critère, les décors : ceux qui sont peints sont les plus prisés. Comment distinguer un décor peint d'un décor imprimé ? Passez votre doigt dessus : si vous sentez un léger relief, il y a de fortes chances pour qu'il ait été peint et non imprimé.

Enfin, dernier critère, l'ancienneté : là, plusieurs points sont à examiner.

Au XIXe siècle, les bords de la tôle sont « agrafés ». Ces agrafes sont visibles sur le côté de la pièce. Alors qu'à partir de 1900-1920, la tôle est « emboutie », au moyen d'une presse qui ne laisse apparaître aucun joint vertical.

Intéressez-vous ensuite aux points d'assemblage, au niveau des anses ou des becs verseurs. Au XIXe siècle, ils sont rivetés, à l'aide de gros rivets, alors qu'à partir de 1900-1910, grâce à l'électrification des usines, ils sont soudés.

Troisième indice : la couche d'émail. Plus elle est épaisse, plus la pièce est ancienne.

Pour finir, observez les éventuels boutons (sur une cafetière, un couvercle de casserole) : au XIXe siècle, ils sont « rapportés ». Ils ne sont pas forcément en tôle, mais peuvent être en bois ou en étain. Alors qu'au XXe siècle, ils sont eux aussi emboutis.

# MES **COUPS** **DE** CŒUR

## > LES CAFETIÈRES

Saviez-vous que certaines cafetières émaillées dépassent aujourd'hui 2000 euros ? C'est la rançon de la gloire ! Mais je vous rassure, on peut aujourd'hui encore trouver de très jolis modèles, plus simples à partir de 40 euros (souvent vendus sans couvercle). Tout dépend en effet de leur ancienneté, de leur rareté, de leur taille et de la beauté des décors (les modèles à fond rouge étant les plus recherchés par les collectionneurs).

**Prix : de 40 à 180 euros** pour une série de 6 pots, **autour de 15 euros** pour un pot vendu à l'unité.

## > LES POTS À ÉPICES

Sucre, café, farine, pâtes, épices, poivre... Les pots à épices se présentent en général sous forme de séries de cinq à huit pièces, de taille décroissante, avec un motif identique et une inscription qui indique leur contenu... Ces pots à épices sont indiscutablement bourrés de charme. Vous pouvez les acheter en série (ce qui est de plus en plus rare à dénicher) ou à l'unité. Dans ce cas, je vous conseille de vous fixer une taille et de jouer sur les motifs et les couleurs.

## > LES POTS DE CHAMBRE

Chiner des pots de chambre ? Et pourquoi pas ! Jusqu'au milieu du XX^e siècle, de nombreux immeubles avaient encore les toilettes à l'étage. Et à la campagne, c'est dans « la cabane au fond du jardin » qu'il fallait aller pour se soulager. La journée, pas de problème. Mais la nuit… Les femmes avaient donc l'habitude de glisser un pot en faïence ou en tôle émaillée sous leur lit, qu'elles vidaient au petit matin. Vous remarquerez que ces pots ont toujours un bord arrondi, afin de ne pas blesser le postérieur de ces dames…

**Prix : de 30 à 50 euros** selon les décors.

À détourner en vide-poche ou en objet de déco avec des fleurs séchées. Les tinettes, ces petits seaux munis de couvercle, font quant à elles d'amusantes poubelles de salle de bain.

# TRUCS **DE** BROCS

Ne cherchez pas un objet en parfait état. C'est mission impossible ! La tôle émaillée subit inévitablement les ravages du temps. Bosses, petits éclats sur l'émail ou

tâches discrètes prouvent que l'objet a vécu et c'est justement ce qui nous charme aujourd'hui.

Si vous tenez malgré tout à masquer les petits éclats, vous pouvez acheter de la peinture pour maquettes et retoucher les parties manquantes.

Mais, attention, l'émail ne doit pas être trop abîmé. Car, déjà, il perd de sa valeur. Une restauration est toujours possible, mais elle est délicate, donc onéreuse.

Pour l'entretien courant de vos objets en tôle émaillée, de l'eau, du savon et une éponge douce suffisent. Vous pouvez éventuellement compléter ce lavage en passant une couche de cire d'abeille, pour les rendre un peu plus éclatants. Certains optent pour une couche de vernis. Je ne le conseille pas, la brillance étant alors trop artificielle.

Si votre «trésor» est vraiment très sale, laissez-le tremper dans un mélange composé de deux tiers d'eau et d'un tiers de vinaigre, pendant plusieurs heures, une nuit par exemple. Puis nettoyez-le à l'eau savonneuse. Rincez et séchez soigneusement. Cette étape est importante, car la tôle, même si elle est émaillée, finit par rouiller.

## LES BONNES PISTES

- Boutique : Cuisinophilie, Anne Siquier, 28 rue du Bourg Tibourg, à Paris, IVe. Tél. : 01 40 29 07 32.
- Musée de l'Art culinaire de la Fondation Auguste Escoffier, 3 rue Auguste Escoffier, 06270 Villeneuve-Loubet. Tél. : 04 93 20 80 51. www.fondation-escoffier.org
- Musée Japy, 16 rue Frédéric Japy, 90500 Beaucourt. Tél. : 03 84 56 57 52.
- À lire : *La cafetière de ma grand-mère*, Véronique Quellier-Guillois
- Association «Les Amis Des Cafetières Émaillées». ■

BIEN CHINER

# VERRE MOULÉ ET VERRE SOUFFLÉ

Chapitre 08

# BIEN CHINER

**Il existe une incroyable variété d'objets en verre sur les brocantes ou les vide-greniers. Bouteilles, carafes, verres, bocaux, moulés en série ou soufflés… Ils sont tous plein de charme et pas forcément onéreux. Laissez-vous tenter !**

## LE **SAVIEZ**-VOUS ?

Comment le verre a-t-il été découvert ? Un feu allumé sur du sable ? La question demeure aujourd'hui encore sans réponse. Seule certitude, ce sont les Syriens qui ont inventé le principe de la canne à souffler le verre au Ier siècle avant Jésus-Christ.

Vous connaissez sans doute la réputation du verre de Venise. Dès le XVe siècle, en effet, la cité lacustre est célèbre dans tout l'Occident pour sa verrerie incroyablement pure. Mais saviez-vous que les verriers de Murano avaient à l'époque, l'interdiction formelle de quitter l'île… Sous peine de mort ! Certains ont cependant bravé l'interdiction, encouragés par les grandes cours européennes. C'est ainsi que les maîtres verriers de Venise sont arrivés à Paris et à Nevers.

Verre soufflé ou verre moulé. La différence est importante puisqu'un objet en verre soufflé sera souvent plus ancien donc plus onéreux qu'un modèle moulé. En plus, les premiers sont réalisés par un souffleur de verre, alors que les autres sont fabriqués dans des moules, en série. On parle alors de « verrerie du pauvre ».

## **SUIVEZ** LE **GUIDE**

Il existe différentes astuces pour distinguer un objet en verre moulé d'un objet en verre soufflé. Les verres moulés sont reconnaissables à leur couture. C'est à

cet endroit précis que les deux parties du moule ont été assemblées. Leurs contours sont extrêmement réguliers et sans défaut.

Ils sont parfois agrémentés de motifs en reliefs : des fleurs, typiques des années 1920 ou des formes plus géométriques très en vogue dans les années 1930. Ces motifs sont destinés à habiller cette verrerie du pauvre. Un peu kitsch, mais c'est finalement ce qui fait tout leur charme.

Les verres soufflés sont eux aussi facilement identifiables : comme ils sont soufflés un par un, à la bouche, leurs bords ne sont jamais parfaitement droits. Ils présentent parfois des bulles d'air. Et surtout, lorsque vous les retournez, vous apercevez une boursouflure au centre du pied. De quoi s'agit-il ? À l'endroit où le souffleur coupe son fil de verre en fusion, il subsiste toujours une petite boule. On parle, à juste titre d'« ombilic ». Et même lorsqu'elle a été meulée, cette boursouflure se sent au toucher.

Enfin, dernière petite astuce : sur certains verres soufflés, et toujours sous le pied, vous pouvez parfois découvrir une rayure. C'est la griffe laissée par le souffleur... et non un défaut !

# MES **COUPS** **DE** CŒUR

## > LES VERRES DE BISTROT

**Prix : de 2 à 15 euros selon leur ancienneté.**

Les verres de bistrot ont la cote ! Il faut reconnaître qu'ils sont moins chers et moins fragiles que les verres en cristal ; ils passent aussi bien sur une très belle nappe que sur une table dressée à la bonne franquette. En plus, le choix est vaste : verres à liqueur, à vin ou à eau...

Les plus anciens datent de la fin du XIXe siècle. Ils sont beaucoup plus lourds et plus épais que les verres à bistrot d'aujourd'hui.

## › LES BOUTEILLES À SIPHON

Un corps en verre de Bohême, bleu, rose ou jaune, une tête en étain équipée d'un levier et d'un bec verseur... Si le principe du siphon a été inventé en 1775 par le docteur North, ce n'est qu'à la fin du XIXe siècle que la bouteille à siphon adopte sa structure définitive. À partir de 1910, l'eau gazeuse, dite de Seltz, devient la boisson préférée des clients dans les bistrots. Ceux-ci payent alors l'eau, mais pas le gaz. Pour financer ce manque à gagner, les cafetiers font alors appel à la publicité. Ces modèles publicitaires font aujourd'hui le bonheur des chineurs.

**Prix : de 30 à 45 euros** pour les modèles de base bleu à **300 euros** pour les modèles les plus rares signés Fèvre.

**Prix : de 40 à 150 euros** selon leur ancienneté, l'état de l'étiquette et la présence du bouchon d'origine.

## > LES POTS DE PHARMACIE

Les pots de pharmacie ne sont pas tous en porcelaine ou en faïence. Il existe des modèles plus récents (apparus à la fin du XIX^e^ siècle) en verre blanc, bleu ou brun, avec un joli bouchon en métal et une étiquette souvent manuscrite. Parfaits pour la déco !

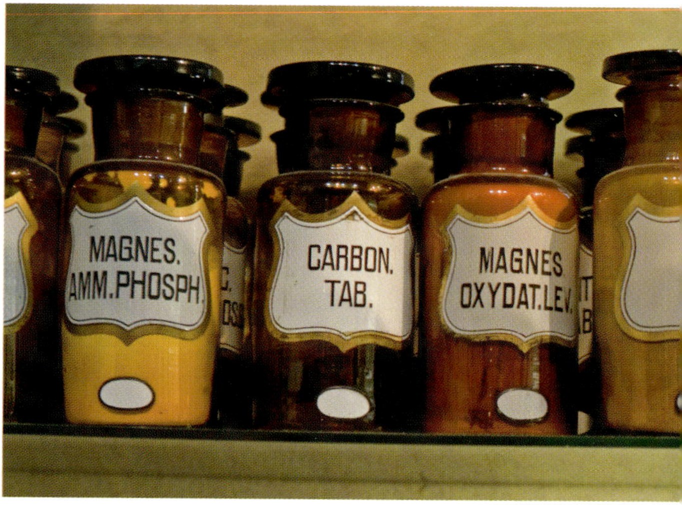


# TRUCS **DE** BROCS

Tout d'abord, un impératif : bannissez le lave-vaisselle ! Des verres passés en machine finissent irrémédiablement par se ternir et devenir opaques. Et là, il n'existe malheureusement aucune solution miracle pour leur rendre leur transparence.

Pour l'entretien courant, un lavage à l'eau savonneuse suffit.

S'ils sont entartrés, remplissez-les d'un mélange d'eau et d'alcool chaud (mais pas bouillant). Laissez reposer ainsi toute une nuit et rincez abondamment le lendemain.

Enfin, si vos verres sont particulièrement encrassés, vous pouvez imbiber une feuille de journal d'un mélange de vinaigre et de sel. Vous en tapissez le fond de vos verres. Le lendemain, vous rincez. Résultat garanti !

Pour finir, une dernière recette pour rendre à vos verres un brillant éclatant : mélangez cinq coquilles d'œufs à un demi-verre de vinaigre. Après une nuit au contact de cette mixture, vos verres seront à nouveau éclatants. Parole de grand-mère !

## CÔTÉ **DÉCO**

Les pots de pharmacie en verre sont de superbes objets de décoration. Amusez-vous à jouer sur les couleurs, les formes, les étiquettes. Vous pouvez les exposer vides. Ou les remplir de pommes de pin, de sables ou de fleurs séchées. Je vous déconseille cependant d'y placer des denrées alimentaires, comme des féculents : rappelez-vous que ces pots étaient destinés aux pharmacies, ils ont peut-être accueilli des substances souvent très nocives. Alors prudence !

## LES BONNES PISTES

Les carafes, bocaux, pots de pharmacie ou verres se dénichent très facilement dans les brocantes et les vide-greniers.

- Boutique : Les verres de nos grand'mères, 85 rue des rosiers, allée 1 stand 2-3, marché Biron des puces de Saint-Ouen (93). Tél. : 01 40 12 72 19.
- Restaurateur : Yann Schalburg, 7 rue Tardieu à Paris, XVIIIe. Tél. : 01 46 06 15 28.
- La foire du verre à Lasne en Belgique, début octobre. www.foireduverre.be ■

BIEN CHINER

Chapitre 09

# LE CRISTAL

# BIEN CHINER

**Symbole de pureté et de grandeur, le cristal a longtemps été réservé à une élite. Aujourd'hui, et contrairement à certaines idées reçues, on peut chiner des objets en cristal, sans forcément se ruiner. À condition de délaisser les grandes manufactures.**

## LE **SAVIEZ**-VOUS ?

Tout comme le verre, le cristal est composé de sable et de potasse, mais avec un « petit plus » qui lui confère toute sa magie : le plomb.

Sa technique a été mise au point en deux temps.

Au XVIIe siècle, une grande pénurie de bois frappe l'Angleterre. Le roi Jacques Ier interdit alors aux maîtres verriers d'utiliser le bois comme combustible, afin de le réserver à la construction de sa flotte. Vers 1675, George Ravenscroft, un verrier londonien, découvre qu'en remplaçant le bois par du charbon, la température de ses fours est plus élevée et plus constante. Il ajoute dans sa pâte du silex et de l'oxyde de plomb. Le cristal anglais est né !

Mais ce «flint-glass» est loin d'être parfait. Près d'un siècle plus tard, François de Beaufort, alors directeur de la verrerie de Saint-Louis réussit à produire un cristal français d'une transparence et d'un éclat incomparables, qui «chante» sous le doigt. Enfin!

D'abord réservé à une clientèle fortunée (voire royale), le cristal va peu à peu se démocratiser vers 1850, grâce notamment à la technique du moulage par pression qui permet alors de réaliser des objets en très grande série.

Aujourd'hui, il est bien rare de ne pas trouver de cristal dans les listes de mariage. Preuve que le cristal a encore de beaux jours devant lui.

## SUIVEZ LE GUIDE

Vous rêvez de vous offrir un vase en cristal, mais vous ne savez pas différencier le cristal du verre? Examinez sa brillance, son éclat et écoutez le son qu'il produit lorsque vous lui donnez un léger coup d'ongle. Celui du cristal est inimitable.

Reste à déterminer votre budget. Le prix d'un vase en cristal varie en effet de 50 à plus de 2000 euros. Pourquoi un tel écart?

En matière de cristal, l'ancienneté n'est pas (pour une fois) un critère de valeur.

Ce qui compte ici, c'est tout d'abord la renommée de la cristallerie (Saint-Louis, Baccarat, Daum ou Lalique, pour ne citer qu'elles), la dimension de l'objet (un grand vase aura souvent plus de valeur qu'un petit modèle), la technique de fabrication (a-t-il été soufflé ou moulé en série?).

Enfin le plus important: appréciez la richesse et la beauté des décors. Certains modèles ont des motifs moulés en plein (ils ont été réalisés directement dans le moule), alors que d'autres sont taillés à la sortie du moule. Il existe différents types de tailles : la taille la plus classique est à côtes plates (des pans verticaux composent des facettes), mais on trouve également des côtes fines, ou encore des tailles en diamants.

Les pièces les plus luxueuses sont en outre gravées.

## MON **COUP DE** CŒUR

### LES PRESSE-PAPIERS

Impossible de dénombrer les collectionneurs de boules presse-papiers en France. Mais ils sont nombreux !

Mises au point par les Italiens dès le XVIe siècle, les boules presse-papiers apparaissent en France à la moitié du XIXe siècle. À l'origine, elles n'ont qu'un rôle utilitaire : aider à l'impression des timbres. Mais très vite, ces petites merveilles vont devenir essentiellement décoratives. Trois grandes manufactures en produisent alors : Saint-Louis, Baccarat et Clichy. La technique la plus célèbre est celle du millefiori (qui signifie mille fleurs en italien) : des baguettes de cristal colorées sont disposées dans un moule généralement rond et sont ensuite recouvertes de cristal en fusion.

Mais il existe de nombreux autres motifs : fleurs, fruits, animaux, motifs géométriques. On trouve également des overlays (qui se composent de plusieurs couches de cristal), ou encore des sulfures qui renferment une

petite figurine en céramique (souvent la tête d'un personnage célèbre).

Méfiez-vous, de nombreuses copies circulent. Pour les identifier, sachez que les authentiques ont un fond bien limpide, les décors sont parfaitement réalisés et centrés et le cristal est irréprochable, sans bulles ni imperfections. Enfin les plus anciennes pèsent plus lourd que les modèles récents (à cause de la teneur en plomb).

**Prix : de 150 à 5 000 euros** selon la complexité et l'originalité des décors, leur taille, le prestige de la manufacture et l'ancienneté.

## TRUCS DE BROCS

Pour nettoyer vos objets en cristal, le lave-vaisselle est bien sûr à éviter. Préférez un lavage à la main, dans une bassine en plastique pour éviter la casse, avec de l'eau tiède (surtout pas trop chaude, car le cristal craint les chocs thermiques) et du liquide vaisselle.

Frottez-les avec une éponge douce pour éviter qu'ils ne se rayent.

S'il y a des motifs en relief ou au contraire gravés, vous pouvez très bien utiliser une brosse à dent souple.

Ce premier nettoyage ne suffit pas ? Vous viendrez certainement à bout des taches rebelles avec du produit pour les vitres ou de l'alcool à brûler. Attention cependant, l'alcool à brûler est à proscrire si votre cristal est destiné à accueillir des denrées alimentaires.

Étape importante, le séchage, car si de l'eau stagne, vous aurez par la suite à combattre... le calcaire ! Pour cela, deux solutions : utilisez un papier absorbant ou un séchoir à cheveux, à condition qu'il puisse diffuser de l'air froid.

Enfin, un dernier petit truc pour le grand classique du bouchon de carafe coincé par l'humidité ou les liqueurs... Surtout, ne forcez pas ! Tentez plutôt de faire couler dessus un filet d'huile de table, patientez quelques instants et essayez à nouveau d'ôter le bouchon. En principe, c'est assez efficace.

## LES BONNES PISTES

Les verres, vases ou carafes en cristal se dénichent très fréquemment dans les brocantes, chez les antiquaires ou aux puces de Saint-Ouen. Surveillez également les ventes aux enchères sur le thème des arts de la table en consultant *La Gazette de Drouot*. Pour voir les plus belles pièces, direction les musées :

- Galerie-Musée Baccarat, 11 place des États-Unis à Paris, XVIe. Tél. : 01 40 22 11 00.
- Musée Baccarat, rue des Cristalleries, 54120 Baccarat. Tél. : 03 83 76 61 37. www.baccarat.fr ■

BIEN CHINER CHINER

Chapitre 10

# LES FAÏENCES

# BIEN CHINER

**Rustiques mais authentiques, simples ou exubérantes... Les faïences ont tout pour séduire. À vous de choisir le style qui vous convient et faites-vous plaisir, les brocantes en regorgent !**

## LE **SAVIEZ**-VOUS ?

La faïence est une terre cuite argileuse, recouverte d'une couche d'émail à base d'étain qui la rend imperméable. Elle apparaît au Moyen-Orient, puis envahit toute l'Europe, notamment l'Espagne et l'Italie. D'ailleurs ce nom de « faïence » vient de « Faenza », ville italienne qui fut un grand centre de production au XV$^{e}$ siècle.

La faïence atteint son apogée au XVIII$^{e}$ siècle et se démocratise au XIX$^{e}$ siècle. Les centres de production se multiplient : Nevers, Quimper, Rouen ou encore Moustiers pour ne citer que les plus célèbres.

Il existe deux techniques de cuisson des décors.

La première dite de « grand feu » consiste à réaliser le décor sur un émail cru. L'ensemble cuit à une température élevée (entre 750 °C et 950 °C). Tous les oxydes métalliques utilisés pour les couleurs ne peuvent pas supporter une telle chaleur. Les teintes sont donc limitées (vert, violet, bleu, jaune ou rouge). Ces faïences de grand feu sont très prisées par les collectionneurs.

Dans la cuisson à petit feu, le décor est posé sur un émail déjà précuit, avant d'être recuit à 750 ou 800 ° C. La palette des teintes est donc plus large et les couleurs plus éclatantes.

# SUIVEZ LE GUIDE

Les faïences du XVIIIe siècle sont rares, donc chères. Intéressez-vous donc plutôt aux modèles du XIXe siècle. Qu'est-ce qui fait alors leur valeur ?

Un tracé net, des décors complexes et la polychromie (plusieurs couleurs) font grimper la cote d'une faïence.

Un modèle endommagé ne vaut pas grand-chose. Pour savoir si une assiette, par exemple, est fêlée, il suffit de la poser sur le bout de vos doigts. Avec votre deuxième main, donnez une petite pichenette avec l'ongle. Si elle est en bon état, elle produira un son limpide.

Ensuite, l'ancienneté. C'est le critère de valeur le plus difficile à apprécier pour un non-initié (sauf bien sûr, si une mention type « garanti lave-vaisselle » est présente ; dans ce cas l'objet ne peut pas dater du XIXe siècle !). En effet, chaque manufacture possède des signatures, des initiales ou des logos, qui ont sans cesse évolué au fil des ans. Seul un expert peut s'y retrouver.

Voici cependant quelques indices.

Les plus anciens modèles comportent toujours des petits défauts : l'émail est irrégulier, les couleurs ont parfois bavé, les teintes ne sont pas parfaitement homogènes. Ne les négligez pas. Ils n'en sont que plus charmants.

Enfin, les assiettes les plus anciennes comportent au dos des petites encoches. Il s'agit des empreintes laissées par les supports (appelés pernettes) qui ont supporté l'assiette pendant la cuisson. Elles sont au nombre de six ou neuf pour les assiettes de petit feu, et trois pour les modèles de grand feu.

# MES **COUPS DE** CŒUR

## > LES BARBOTINES

Services à asperges, cache-pot richement décorés, porte-parapluies en forme de grenouille... La barbotine fait depuis quelques années un tabac dans les brocantes. Mais savez-vous de quoi il s'agit exactement ? D'une boue pâteuse à base d'argile que l'on travaille en mouillant ses mains avec de l'eau (en barbotant, d'où son nom). Le potier réalise tout d'abord le support (assiette, plat ou pichet) et travaille à part les éléments du décor, qu'il colle ensuite sur le support. La cuisson achève de solidariser le tout. Son âge d'or : 1870-1920, donc une période assez brève. Pourtant, pratiquement chaque manufacture de céramique a produit sa série de barbotine : Choisy-le-Roi, Sarreguemines et surtout Vallauris, le *must* pour les grands collectionneurs et notamment les œuvres des Massier.

Attention, il existe de nombreuses reproductions qui ne sont pas toujours faciles à détecter. Un indice cependant : sur une copie, la signature a souvent été rajoutée sur la couche d'émail, alors que sur une pièce authentique, la signature se trouve sous la couche d'émail.

**Prix : de 50 à plus de 150 euros** pour une assiette et souvent **plus de 1000 euros** pour un cache-pot, selon sa taille, sa rareté, ses couleurs et la notoriété de l'artiste.

**Prix : de 30 à 200 euros** selon l'état, l'ancienneté, le décor de la pièce et la notoriété de la manufacture.

### > LES VIERGES D'ACCOUCHÉES

Vous avez peut-être remarqué, en chinant dans les brocantes de Bretagne, des petites statuettes de la Vierge en faïence, ayant la particularité d'avoir la couronne évidée. Ce sont des vierges d'accouchées. Elles remontent à l'époque où les femmes accouchaient chez elles. Dès que le travail commençait, on allumait un cierge. D'après la tradition, si la « délivrance » n'avait toujours pas eu lieu au moment où le cierge était consumé, c'est que l'accouchement se présentait mal...

## TRUCS DE BROCS

Les faïences ne nécessitent pas d'entretien particulier. Très souvent, un simple nettoyage suffit. Bien évidemment, évitez le lave-vaisselle, surtout si vous utilisez régulièrement votre service en faïence, car les couleurs en pâtiraient. Optez pour un lavage à la main, dans une eau tiède et savonneuse. Pour éviter les chocs, une bassine en plastique fait parfaitement l'affaire.

Certaines faïences peuvent cependant présenter des taches brunâtres qui ne disparaissent pas après un simple lavage. Une astuce : plongez les quatre ou cinq jours dans de l'eau oxygénée à 130 volumes. Attention, ce produit est dangereux (le port de gants, de manches

longues et d'un masque est indispensable pour éviter les brûlures). Puis lavez-les à l'eau savonneuse.

Autre solution moins risquée, faites-les tremper dans de l'eau avec quelques capsules effervescentes destinées à nettoyer les appareils dentaires et un peu de talc ou de poudre à récurer blanche. Les taches devraient au minimum s'estomper.

Enfin, si votre faïence est cassée vous pouvez tenter une réparation par vous-même. Mais attention, ne procédez à ce genre de réparations que sur des objets de faible valeur. Pour vos plus belles pièces, je vous recommande de faire appel à un restaurateur et de réclamer un devis. À vous de voir si le jeu en vaut la chandelle !

## LES BONNES PISTES

Les brocantes de Bretagne, du Sud et de l'Est de la France proposent toujours des services en faïence.
Il existe de nombreux salons annuels consacrés à la faïence : à Colmar, Creil, Lunéville...

- Restauratrice : Brigitte Malavoy, 5 rue de Provence à Paris, IX$^{e}$. Tél. : 01 42 46 15 25.
- Village de Moustiers Sainte-Marie dans les Alpes-de-Haute-Provence (04) : une belle balade dans ce petit village provençal...
- À lire : *Les Arts de la table côté brocante*, de Jacqueline Queneau, aux éditions Aubanel. ■

BIEN CHINER CHINER

Chapitre 11

# LA PORCELAINE

# BIEN CHINER

**Réputée pour sa blancheur et sa finesse, la porcelaine est toujours considérée comme une matière de luxe. Pourtant, on peut aujourd'hui chiner des assiettes ou des services à des prix tout à fait abordables.**

## LE **SAVIEZ**-VOUS ?

Trahisons, espionnage, vilenies... L'histoire de la porcelaine est digne d'un véritable roman noir, qui débute au XIII^e siècle, lorsque Marco Polo, de retour d'Orient, rapporte à Venise une céramique d'une incroyable blancheur, jusqu'alors inconnue : la porcelaine chinoise. Dès lors, les plus grands de ce monde vont se livrer à une guerre sans merci pour en percer le mystère.

En 1673, le Français Edmé Poterat parvient à mettre au point une pâte très similaire à celle des Chinois. Mais cette pâte est trop tendre et se raye facilement. On parle de « porcelaine tendre ».

Car le secret jalousement gardé des Chinois, c'est le kaolin, une argile blanche, découverte au VI^e siècle, dans les collines Kao-Ling qui, au-delà de 900 °C acquiert une dureté et une résistance exceptionnelles, tout en conservant sa blancheur.

Finalement, après des années de recherches infructueuses, Johann Friedrich Boettger, un chimiste allemand, parvient à percer le mystère du kaolin. Le premier gisement est exploité à Meissen dans la

Saxe en 1709. En France, c'est beaucoup plus tard, en 1765, que le premier « filon » est découvert, près de Limoges.

Lorsque Marco Polo revient d'Orient avec la porcelaine chinoise, il l'appelle « porcellana », du nom d'un coquillage à l'aspect similaire (qui tire lui-même son nom de sa ressemblance avec... une vulve de truie !).

## SUIVEZ LE GUIDE

Plusieurs questions peuvent se poser lorsqu'on souhaite acquérir un objet en porcelaine.

Tout d'abord, comment distinguer la porcelaine de la faïence ?

Regardez, touchez et écoutez. La faïence présente un aspect opaque, elle est irrégulière au toucher et produit un son mat.

La porcelaine est fine et translucide, elle est lisse et lorsqu'on lui donne une pichenette, elle produit un son cristallin (sauf si elle est fêlée et a été restaurée).

Comment ensuite distinguer la porcelaine dure de la porcelaine tendre (donc sans kaolin) ? La première est froide, brillante, translucide et ne se raye pas, alors que la seconde est plus opaque, plus chaude au toucher et surtout elle se raye avec la pointe d'un couteau. Avis aux chineurs : la porcelaine tendre est rare, donc très prisée par les collectionneurs.

Par ailleurs, quel budget prévoir ?

Certains services (10 assiettes du début xx$^{e}$ siècle) ne dépassent pas les 100 euros, d'autres atteignent parfois les 1000, voire 2000 euros. Tout dépend ici de la beauté des décors, de la renommée du centre de production et surtout de l'ancienneté de la pièce. Bien évidemment, si l'émail est parfait et que la pièce ne comporte pas de traces d'usure au niveau des zones de frottement (ou qu'elles sont invraisemblables, sur le dessus par exemple), elle a peu de chance d'être ancienne.

Enfin, des couleurs vives ne sont pas forcément signe de reproduction. Par contre, une coloration parfaitement homogène doit vous faire douter.

## MES **COUPS DE** CŒUR

### > LES BISCUITS

Statuettes, boîtes, vases… Le biscuit est une porcelaine non émaillée, donc parfaitement blanche, aujourd'hui très recherchée par certains collectionneurs. Les pièces les plus anciennes, datant du XVIII$^{e}$ siècle, sont

pressées : elles sont réalisées dans un moule en deux parties, avant d'être assemblées puis collées. À partir de 1820, le biscuit est coulé dans un moule unique en plâtre. Sachez qu'un biscuit moulé sera toujours plus lourd qu'un biscuit coulé.

**Prix : de 30 euros à plusieurs milliers d'euros** selon l'ancienneté de la pièce, la qualité de sa sculpture, sa taille et la renommée de la manufacture.

## > LA FOLIE DES CRAQUELÉS

Les amateurs d'art déco craquent littéralement pour ces statuettes en faïence ou en porcelaine, couleur ivoire. La technique du craquelé, née au Japon, nécessite une maîtrise absolue de la cuisson car il s'agit de chauffer au maximum l'émail, pour le faire craquer, sans que la céramique qu'il recouvre ne se brise. Elle n'est apparue en Europe qu'au XIXe siècle, pour connaître son âge d'or entre 1920 et 1940. À l'époque, les sculpteurs n'avaient pas tous les moyens de travailler le bronze.

**Prix : de 150 à 1000 euros** selon le modèle, la rareté et le nom de l'artiste (les plus cotés étant ceux d'Adnet, Lemanceau ou Robj).

## > LES FÈVES

Les premières fèves sont nées en Allemagne, en 1874. C'est à cette époque que la fève légume est remplacée par une petite figurine en porcelaine de Saxe. Les sujets se limitent alors bien souvent aux poupons.

Puis la France se lance dans la production et les fabricants vont rivaliser d'imagination pour présenter de nouveaux modèles. Fers à cheval, voitures, personnages de Disney... Bon à savoir : les modèles antérieurs à 1920 présentent une couture apparente sur le côté et les couleurs résistent à l'acétone.

**Prix : de 1 à 800 euros, selon l'ancienneté, la rareté de l'objet et les matériaux utilisés.**

## TRUCS **DE** BROCS

En principe, les objets en porcelaine ne sont jamais très sales : car à la différence de la faïence qui est poreuse, la porcelaine est totalement opaque. Les taches ne peuvent donc pas s'y incruster.

Pour les nettoyer, il suffit de les tremper dans une eau tiède et savonneuse en y ajoutant éventuellement un peu d'eau de Javel (sauf si vos objets comportent des dorures). Pour les porcelaines décoratives, vous pouvez parfaire ce nettoyage en ajoutant du produit pour laver les vitres, afin de les rendre plus brillants.

Il arrive cependant que de la saleté se soit immiscée dans les fêlures. Dans ce cas, essayez de passer sur ce « cheveu » un coton-tige imbibé d'acétone. La fêlure ne disparaîtra pas, mais elle sera propre.

Finalement, le seul grand danger pour les objets en porcelaine, ce ne sont pas les taches, mais la casse !

Pour les petites réparations, vous pouvez essayer d'intervenir vous-même. Déposez à l'aide d'un cure-dent une petite quantité de colle (genre Époxy), sur les parties à recoller. Maintenez-les serrées avec un ruban adhésif, essuyez l'excédent de colle avec un chiffon imbibé d'alcool et laissez sécher.

Pour vos objets de valeur, je ne peux que vous conseiller de faire appel à un restaurateur. Les techniques ont bien évolué et les réparations sont presque invisibles.

## CÔTÉ **DÉCO**

Une table de fête, c'est bien souvent une belle nappe, du cristal, de l'argenterie et un service en porcelaine. La grande tendance en ce moment est aux tables blanches ou noires. Des assiettes simples et blanches, peuvent donc parfaitement faire l'affaire. Mais sachez qu'il est possible de les personnaliser en achetant de la peinture pour porcelaine. Un conseil avant de vous lancer : réaliser les motifs que vous voulez peindre sur du papier, et disposez-les au fond de l'assiette. Cela vous donnera une idée du résultat final.

## LES BONNES PISTES

On trouve bien sûr de nombreux services en porcelaine dans les brocantes ou chez les antiquaires. Il y en a un peu partout en France, mais j'avoue avoir un coup de cœur pour la brocante de Chatou qui a lieu deux fois par an dans les Yvelines et celle de la Bastille, à Paris. Sans oublier bien sûr, L'Isle-sur-la-Sorgue dans le Vaucluse.

- Boutique : La Métairie, 36 rue de l'amiral Hamelin à Paris, XVI$^{e}$. Tél. : 01 47 20 20 72.
- Restauration : La Galerie Saint-Louis, 11 rue Orient, 78000 Versailles. Tél. : 01 30 21 54 94.
- La manufacture de Sèvres, qui met aujourd'hui en avant les créations modernes, tout en perpétuant les techniques utilisées au XVIII$^{e}$. Adresse : 2 place de la Manufacture, 92310 Sèvres. Tél. : 01 46 29 22 00. manufacturedesevres.culture.gouv.fr ■

BIEN CHINER

Chapitre 12

# LES GRÈS ET LES TERRES VERNISSÉES

# BIEN CHINER

**On les aime pour leur rusticité et leurs couleurs qui vont du jaune au vert ou au gris selon les régions. Les grès et poteries en terre vernissées, produits par milliers au XIXe, se chinent aujourd'hui dans toutes les brocantes.**

## LE **SAVIEZ**-VOUS ?

Le grès est une terre chargée de silice, d'oxyde de fer et d'alcali qui a la particularité de se vitrifier (donc d'être imperméable) dès qu'elle est chauffée à plus de 1200 °C.

Il est utilisé depuis le XIVe siècle, mais c'est au XIXe qu'il connaît son heure de gloire, notamment pour contenir et conserver les aliments. C'est à cette même époque que la « glaçure au sel » est apparue, afin d'enjoliver ces grès jugés trop austères. Cette glaçure était obtenue en jetant des poignées de gros sel dans le four, à la fin de la cuisson.

Contrairement au grès, les terres vernissées ne sont pas naturellement imperméables. Elles doivent en effet être protégées par un vernis protecteur, dont la teinte varie d'une région à l'autre : plutôt verte ou jaune dans le Limousin, verte et marron en Provence ou bleue dans l'est de la France.

Vous remarquerez que certaines poteries présentent des coulures sur leur partie supérieure. Elles proviennent de la cendre de bois : à chaque cuisson, des cendres s'amalgament sur les voûtes du four. Avec la chaleur, ces cendres vitrifiées fondent sur les objets. D'où ces coulures irrégulières et souvent boursouflées. Ne négligez pas ces pièces-là. Elles n'en sont que plus charmantes !

# SUIVEZ LE GUIDE

Grès ou terre vernissée, pas facile au premier coup d'œil de faire la différence. Il existe cependant deux techniques pour les distinguer. Frappez (délicatement) l'objet que vous avez repéré avec une clé métallique : si vous n'entendez qu'un son mat et étouffé, il s'agit d'une terre vernissée. S'il sonne, c'est du grès.

Deuxième astuce : posez votre langue à un endroit qui n'est pas verni. Les terres vernissées sont poreuses, elles absorbent donc l'eau. Vous aurez la sensation que votre langue est aspirée par la terre. Alors qu'avec un grès, imperméable, vous ne sentirez rien.

Comment ensuite dater une pièce. Un vinaigrier du XXe siècle n'aura bien évidemment pas la même valeur qu'un modèle du XVIIIe ou du XIXe siècle. Or, les objets datés et signés sont bien rares (à part certaines œuvres d'artistes comme Jules Ziegler).

Mais après tout, un peu de bon sens : si leurs formes sont parfaitement régulières, on peut logiquement supposer qu'ils n'ont pas été réalisés à la main donc qu'ils ne sont pas très anciens. Idem si les teintes sont uniformes.

Sur les pièces anciennes, il y a toujours quelques ébréchures.

Enfin, observez les zones de frottement, notamment à la base du pot ou du pichet. Les arrêtes ne sont jamais nettes.

# MES COUPS DE CŒUR

## > LES MAZAGRANS

Vous avez peut-être l'habitude de boire votre café dans un mazagran, cette tasse sur pied, haute, aux parois épaisses, et dépourvue d'anse. Mais connaissez-vous l'origine de ce mot? L'histoire se déroule en février 1840, en Algérie, dans une petite ville nommée Mazagran (ou Mazaghran). Deux camps se font face : une petite centaine de chasseurs français, placés sous les ordres du capitaine Lelièvre et plusieurs milliers de soldats arabes dirigés par Abd-el-Kader. Pendant trois jours, ils vont s'affronter. Les Français, en sous-effectif, finiront malgré tout par l'emporter grâce à un breuvage magique composé de café et d'eau-de-vie. Pour commémorer cette victoire, une manufacture de Bourges a choisi de donner le nom de mazagran à cette tasse particulière.

**Prix : entre 5 et 15 euros, selon leur état et la finesse du travail.**

Les mazagrans, en grès ou en faïence, se dénichent aujourd'hui encore sur de nombreux stands des puces ou des brocantes.

## > LES PICHETS

Qu'ils soient publicitaires ou anonymes, les pichets en grès ou en terre cuite vernissée que vous pouvez trouver dans les brocantes datent pour la plupart du début du XX$^{e}$ siècle et ne demandent qu'à reprendre du service. On les apprécie en décoration sur une étagère ou parce qu'ils préservent mieux la fraîcheur de l'eau que leurs cousins en verre. Une petite parenthèse pour les jacquots, ces pichets à forme humaine : la légende raconte qu'un jour de 1430, une duchesse de Bavière, du nom de Jacqueline, est emprisonnée par le duc de Bourgogne qui en veut à ses terres. Pour tuer l'ennui, seule dans son donjon, la duchesse prend alors l'habitude de réaliser des pichets en terre à forme humaine. Un matin, prise d'un accès de colère, elle jette l'un de ses pichets par la fenêtre du donjon. Celui-ci atterrit intact, au pied des paysans qui labourent en

2
MOUTARDE
Bill
MARQUE DÉPOSÉE
MOUTARDE
A.LEPOUTRE-WERVICQ
1852
MOUTARDE
GARANTIE NON COLORÉE
L'IMPÉRIALE
ETS.BISTER JAMBE-NAMUR

**Prix : de 30 euros à plus de 250 euros pour certains jacquots en grès selon leur originalité.**

contrebas. A-t-elle été libérée par la suite, la légende ne le dit pas. Seule certitude, les paysans ont baptisé ces pots anthropomorphes des jacquelines. Et qu'aux jacquelines, ils ont offert des compagnons, les jacquots !

### › LES POTS À MOUTARDE

**Prix : de 15 à 60 euros, selon leur état de conservation et la notoriété de la manufacture.**

Si la moutarde (obtenue à partir des graines de sénevé) est connue depuis l'Antiquité, ce n'est qu'à partir du XVIIIe siècle qu'elle est largement utilisée comme condiment. Dès lors, des grands fabricants, comme Grey-Poupon, Louit, Vert-Pré ou Maille vont vite comprendre que pour fidéliser leur clientèle, le contenant est aussi important que le contenu. Ils font alors appel aux plus grandes manufactures. De superbes pots, en grès ou en faïence, apparaissent alors, portant le nom de la fabrique et le lieu de production. Des inscriptions calligraphiées, réalisées au pochoir ou par décalcomanie... Une bonne idée de collection !

## TRUCS DE BROCS

Principal atout de ces grès et terres cuites vernissées : ils ne nécessitent aucun entretien particulier et résistent très bien aux intempéries. Je vous conseille cependant de les mettre à l'abri en hiver : si de l'eau stagnante gèle, vos poteries risquent d'éclater.

S'ils sont pleins de poussière, ou encrassés (autour des poignées par exemple), vous pouvez les nettoyer avec de l'eau savonneuse et une brosse douce.

Dans certains pays, en Hollande notamment, les femmes avaient l'habitude de les revernir avec une mixture composée de blancs d'œufs battus et de gomme en poudre, qu'elles appliquaient au pinceau... À tenter !

## CÔTÉ **DÉCO**

Pas besoin de se casser la tête pour les mettre en valeur. Une étagère, dans une cuisine ou un salon, une collection de pichets ou de pots, éventuellement éclairés par-derrière, et le tour est joué.

Dans le jardin, préférez des grandes jarres dans lesquelles vous placerez des fleurs de chaque côté de la porte d'entrée. Facile !

## LES BONNES PISTES

En plus des brocantes, des puces et des vide-greniers, pensez à consulter les petites annonces de magazines spécialisés : on y trouve toujours des pichets.

- Une manifestation à retenir : le marché aux grès anciens, à Lachapelle-aux-Pots dans l'Oise (60), qui rassemble à chaque édition près de 400 exposants. Tél. : 03 44 04 50 73.
- Ce village accueille en outre un musée de la poterie, avenue Tristan Klingsor. Tél. : 03 44 04 50 71.
- À voir également le musée de Saint-Amand-en-Puisaye, 13 Grande Rue dans la Nièvre (58130). Tél. : 03 86 39 74 97. ■

LES GRÈS ET LES TERRES VERNISSÉES

BIEN CHINER

Chapitre 13

# LA VANNERIE

# BIEN CHINER

**Ils sont charmants, décoratifs, utilitaires et apportent une petite touche campagnarde à tous nos intérieurs... Les objets en vannerie, comme les paniers en osier, ont encore de beaux jours devant eux. À condition d'en prendre soin.**

## LE **SAVIEZ**-VOUS ?

La vannerie est l'un des plus anciens artisanats, Louis XI ayant promulgué les statuts de la corporation parisienne des vanniers dès le XVe siècle.

À l'origine, le vannier est celui qui fabrique les vans, ces grands paniers plats équipés d'anses. Peu à peu, le terme de vannerie s'étend à tous les objets tressés avec des végétaux : l'osier (jeunes branches de saules), le rotin, le bambou, le jonc, le châtaignier ou encore la clématite (plante grimpante qui pousse naturellement dans les sous-bois).

Au XIXe siècle, la production n'est plus seulement artisanale, elle devient industrielle. Dès lors, on utilise la vannerie dans de très nombreux domaines : la pêche, l'élevage ou l'agriculture et pour transporter toutes sortes de denrées alimentaires.

Mais au milieu du XXe siècle, avec l'apparition du carton et des matières plastiques, la vannerie disparaît peu à peu. Ainsi, en 1900, il y avait 40 000 vanniers en France. Un siècle plus tard, ils ne sont plus que 150.

## **SUIVEZ** LE **GUIDE**

Les objets en vannerie que vous pouvez chiner dans les brocantes ne sont jamais très anciens. Ils datent souvent de la première moitié du XXe, parfois du XIXe, mais jamais du XVIIIe siècle, car ils sont très fragiles.

Les brins se cassent au soleil et moisissent dans des atmosphères humides. C'est la raison pour laquelle les plus anciens modèles ont fini par être brûlés dans les cheminées.

En revanche, la production a été tellement importante au XIX$^{e}$ et au XX$^{e}$ siècles, qu'il en reste aujourd'hui encore de très nombreux exemplaires.

Pour les choisir, je ne vous donnerai que deux conseils.

Premièrement, n'achetez que des objets en bon état. Une restauration est certes toujours possible, mais le choix est suffisamment vaste pour négliger ceux qui sont abîmés.

Et deuxièmement, faites-vous plaisir, marchez au coup de cœur ! Craquez par exemple pour un beau panier à vendange en éclisse d'osier (l'osier n'est pas rond, il a été fendu dans le sens de sa longueur pour obtenir un ruban). Car pour une fois, l'ancienneté n'est pas vraiment un critère de valeur. Il est en effet impossible de différencier un panier des années 1920, d'un panier des années 1950.

Seule petite indication : plus le maillage est fin et dense, plus le motif du tissage est complexe, plus votre panier a une chance d'être ancien.

## MES **COUPS DE** CŒUR

### > LES MALLES À PIQUE-NIQUE

Connaissez-vous lord Sandwich ? Pour ne pas interrompre une trépidante partie de cartes, ce gentleman se fait un jour servir un en-cas composé de tranches de viande et de pain. Nous sommes alors en 1762. Le sandwich vient de naître.

**Prix : ils varient de 10 euros pour les malles les plus ordinaires à 400, voire 500 euros.** Celles-là sont généralement vendues avec les accessoires d'origine.

Du sandwich au pique-nique, il n'y a qu'un pas, mais un pas de géant puisqu'il faut attendre un siècle pour que le pique-nique devienne « tendance ».

C'est en effet au début du XIXe siècle, grâce notamment au développement du chemin de fer et de l'automobile, que cette pratique du déjeuner sur l'herbe se généralise.

Pour pouvoir contenir des assiettes, des couverts, des verres et les fameux sandwichs, les fabricants imaginent des malles, avec un système de sangles. Certaines sont toutes simples, d'autres sont particulièrement raffinées, avec différents étages et compartiments destinés à accueillir les couverts en argent et les assiettes en porcelaine.

## > LES PANIERS DE PÊCHE

Les articles de pêche sont très prisés en ce moment : cannes en bambou refendu (certains modèles se sont

vendus jusqu'à 10 000 euros aux États-Unis), moulinets, mouches, leurres… et bien sûr tous les paniers à pêche.

**Prix : de 20 à 300 euros** selon leur taille, l'originalité du modèle et leur état.

## TRUCS **DE** BROCS

Vous venez de dénicher un superbe panier dans un vide-greniers. Il a certainement besoin d'un petit nettoyage.

Pour cela, plongez-le dans une eau tiède, avec un peu de savon de Marseille ou du savon noir. Mais n'utilisez jamais de détergents, trop agressifs.

Certains ajoutent quelques gouttes d'eau de Javel ou de jus de citron pour le rafraîchir. Personnellement, je préfère le laisser « dans son jus » afin qu'il conserve sa patine.

Frottez-le avec une brosse souple et rincez-le abondamment à l'eau claire. Il ne vous reste plus qu'à le faire sécher – étape importante pour éviter les moisissures – éventuellement en plein air, mais à l'ombre car le soleil brise les brins.

Après ce décrassage, je vous recommande fortement de le traiter et de le protéger contre les vers en le badigeonnant d'un produit type Xylophène. Une seule couche devrait suffire.

Pour le « finish », vous pouvez éventuellement passer une couche d'huile de lin (qui va légèrement satiner votre panier) ou de cire mais surtout pas de vernis. Le vernis donne en effet un aspect très artificiel.

Votre panier est maintenant tout propre.

(LÉMURIENS)
AYE-AYE (Chiromys Madagascariensis)
PROPITHÈQUE DIAD
(Propithecus diadema)
FÈRES
SYSTÈME DENTAIR

Un dernier conseil cependant : évitez de le conserver dans un endroit trop humide. Il risque de moisir et de finir au feu.

## CÔTÉ **DÉCO**

L'osier trouve toujours sa place dans une maison : une série de paniers suspendus dans la cuisine, une hotte pour stocker le bois près de la cheminée, un coffre dans la chambre pour accueillir les draps, serviettes ou pourquoi pas les jouets de vos enfants. Les possibilités ne manquent pas.

## LES BONNES PISTES

- La visite incontournable : le village de Villaines-les-Rochers, réputé pour son charme, ses coopératives et son musée (22 rue des Caves Fortes, 37190 Villaines-les-Rochers, Tél. : 02 47 45 23 19), qui assure aujourd'hui plus du tiers de la production française. Une soixantaine de vanniers y perpétuent encore la tradition.
- Les boutiques : Les brins d'osier, 23 route nationale, 36800 Le Pont-Chrétien-Chabenet. Tél. : 02 54 25 86 67. www.lesbrinsdosier.com
- La foire aux paniers et à la vannerie d'Issigeac en Dordogne (24), au mois de juillet. Tél. : 05 53 58 79 62. ■

BIEN CHINER CHINER

Chapitre 14

# L'IVOIRE

**Accessoires de toilette, statuettes religieuses, boîtes, couteaux, bijoux, carnets de bal... L'ivoire demeure aujourd'hui encore une matière noble, très prisée par les chineurs. Attention à ne pas le confondre avec d'autres matières, comme le Celluloïd.**

## LE SAVIEZ-VOUS ?

Qu'est-ce que l'ivoire ? La question peut paraître simpliste et pourtant, ce terme est parfois utilisé à tort et à travers. L'ivoire est la partie dure et osseuse qui constitue la matière principale des dents et des défenses d'animaux comme l'éléphant, l'hippopotame, le morse ou encore le narval. Mais, seule la défense d'éléphant mérite l'appellation d'ivoire.

Et l'« ivoire végétal » alors ? Cette appellation trompeuse désigne en réalité une graine très dure, le corozo, qui provient de certains palmiers de Colombie ou d'Équateur. Rien à voir donc avec les défenses de pachydermes !

Connaissez-vous l'histoire du Celluloïd ? Tout commence lors de la guerre de Sécession aux États-Unis. Les sudistes ne peuvent plus rien importer, pas même l'ivoire. Or sans ivoire, pas de boules de billard. Deux riches industriels décident d'organiser un grand concours et promettent 10 000 dollars à celui qui inventera un substitut à cette noble matière. Les frères Hyatt se lancent dans l'aventure et mettent au point le Celluloïd en 1870. C'est ainsi qu'est née la première matière plastique !

## SUIVEZ LE GUIDE

Avant de vous indiquer comment différencier l'ivoire de son principal concurrent, le Celluloïd, vous devez

savoir que d'autres matières peuvent être utilisées pour imiter l'ivoire. C'est le cas de certains os. Mais ces derniers sont plus poreux que l'ivoire et laissent apparaître des petits trous, facilement décelables à la loupe.

Mais comment savoir si une statuette est en ivoire ou en Celluloïd? Tout d'abord, soupesez-la : un modèle en plastique sera toujours plus léger qu'un modèle en ivoire, l'ivoire étant beaucoup plus dense.

Ensuite, examinez votre statuette. Si elle présente des veines, il s'agit très probablement d'ivoire. Ses veines, comme celles du bois, ne sont jamais régulières : elles apparaissent, puis disparaissent, pour renaître plus loin. Un modèle en Celluloïd en sera dépourvu. Par contre, il comportera des traces de moulage et éventuellement des bulles d'air.

Enfin, dernière astuce, approchez une aiguille chauffée de votre statuette. Si elle est en Celluloïd, la pointe de l'aiguille s'enfoncera dans le plastique en dégageant une très mauvaise odeur. Et méfiez-vous, votre statuette risque de s'enflammer immédiatement (c'est d'ailleurs pour cette raison que le Celluloïd a été interdit en 1960). L'ivoire, lui, ne brûle jamais.

## MES **COUPS** **DE** CŒUR

### > LES CARNETS DE BAL

**Prix : de 50 à 450 euros selon leur état, les matériaux utilisés et la richesse des décors.**

Comment ne pas succomber aux charmes de ces petits carnets, en forme d'éventails, dont les feuillets en ivoire sont encadrés par deux plaques en nacre, en écaille ou en métal. Des petits bijoux qui nous ramènent à l'époque des grands bals mondains, entre 1820 et 1940. À l'époque, il est alors très mal vu pour une jeune fille d'accorder plus de deux danses au même partenaire. Quadrilles, polkas, valses... Une quarantaine de danses est proposée chaque soir. Pour s'y retrouver, les jeunes filles prennent l'habitude de noter le nom de leurs partenaires en face de chaque danse à l'aide d'un petit stylet. Ces carnets se chinent aujourd'hui encore très facilement dans les brocantes ou sur les stands de linge ancien.

### > LES COUTEAUX

Passionnant domaine que celui des couteaux. Il en existe une telle diversité : en argent, en métal argenté ou en acier avec des manches en bois, en corne, en bakélite ou en ivoire...

Parmi tous ces modèles, deux noms à retenir : Opinel et Laguiole.

Le premier est apparu à la fin du XIX^e^ siècle, grâce au taillandier Joseph Opinel. Outre la production traditionnelle, Opinel présente des séries limitées qui font aujourd'hui le bonheur des collectionneurs.

Quant à Laguiole, son histoire a débuté en 1829, dans ce petit village de l'Aveyron. Pierre-Jean Calmels s'inspire des couteaux dont se servent les éleveurs et les bergers, sortes de petits poignards utilisés pour couper le bois et le pain. Devenu culte grâce à Philippe Stark, le Laguiole a lui aussi ses *aficionados*.

**Prix : de 40 à 2000 euros selon les matériaux utilisés et la rareté du modèle.**

Vous souhaitez offrir l'un de ces couteaux ? D'après la tradition, la personne à qui vous l'offrez doit vous remettre en échange une pièce de monnaie, histoire de ne pas couper l'amitié ou l'amour.

## TRUCS **DE** BROCS

Pour nettoyer vos petits objets en ivoire, lavez-les dans une eau savonneuse à l'aide d'une brosse douce. Rincez-les ensuite à l'eau claire et séchez-les rapidement. Car l'ivoire n'apprécie pas l'humidité. Tout comme le bois, il se gonfle et finit par se déformer.

Autre astuce : préparez une pâte à base de sciure de bois imprégnée de jus de citron. Badigeonnez-en l'objet. Quand la sciure est sèche, brossez et frottez l'objet avec une peau de chamois.

Pour tous les objets qui ne sont pas uniquement en ivoire (petites boîtes en bois et ivoire par exemple), pas question de les mettre dans l'eau. Cela causerait des dégâts catastrophiques. Nettoyez juste la partie en ivoire avec un coton-tige et de l'eau savonneuse. Et pensez là encore à bien sécher l'ensemble.

Pour les pièces sans grande valeur, vous pouvez, si vous le souhaitez, les éclaircir un peu. Un vieux truc : les tremper un quart d'heure dans de l'essence de térébenthine et les exposer au soleil pendant trois ou quatre jours.

Une fois que vos objets en ivoire sont bien nettoyés, reste à trouver le bon emplacement pour les exposer. Si un air trop humide fait gonfler l'ivoire, un air trop sec peut engendrer des fêlures. Attention donc aux spots dans les vitrines.

Enfin, l'ivoire est poreux. C'est la raison pour laquelle il change de couleur : il blanchit à la lumière, il fonce quand il en est privé.

## LES BONNES PISTES

Les objets en ivoire se dénichent dans la plupart des brocantes ou chez les antiquaires. Pensez aussi à surveiller les ventes aux enchères d'objets de curiosité.

- Le Château-Musée de Dieppe, qui fut pendant des siècles la capitale de l'ivoire. Adresse : rue de Chastes 76200 Dieppe. Tél. : 02 35 06 61 99. www.mairie-dieppe.fr/chateau-musee/b-musee.html
- Le musée de Commercy, 7 avenue Carcano, 55200 Commercy. Tél. : 03 29 92 04 77.
- Pour les couteaux, la visite au village de Laguiole, dans l'Aveyron (12), s'impose.
- Restaurateur d'ivoire : Francis Migeon, 5 avenue de la Trémouille, 94100 Saint-Maur-des-Fossés. ■

Chapitre 15

# LE LINGE ANCIEN

**Remercions les jeunes filles des siècles passés. Grâce à elles, on retrouve aujourd'hui dans les brocantes un charmant linge de maison – nappes, serviettes, draps ou torchons – qui ne demande qu'à servir.**

## LE **SAVIEZ**-VOUS ?

La tradition du trousseau de mariage commence au XIXe siècle. Il est alors parfaitement inconcevable pour une jeune fille, qu'elle soit issue d'un milieu aisé ou plus modeste, de se marier sans un trousseau digne de ce nom. Dès son plus jeune âge, elle apprend l'art de la couture et de la broderie et accumule ainsi, au fil des ans, des draps, des torchons, des serviettes ou encore des nappes, brodés de ses initiales, puis de celles de son futur époux. À la fin du XIXe siècle, certains trousseaux comportaient ainsi plus de cent pièces de linge. Cette tradition va perdurer jusque dans les années 1930. La broderie mécanique est alors en plein essor, et les jeunes filles ont bien d'autres préoccupations.

Depuis des décennies, le mois de janvier est surnommé le mois du blanc. En connaissez-vous l'origine ? Nous sommes au début du XXe siècle. Aristide Boucicaut souhaite acquérir un terrain pour y bâtir le Bon-Marché. Mais il ne parvient pas à réunir la somme nécessaire. Alexandre Turpault, célèbre fabriquant de linge de maison (le fameux blanc de Cholet) lui avance les fonds. En échange, il souhaite exposer son « blanc » chaque année, au Bon-Marché.

Un siècle plus tard, cette tradition est toujours d'actualité.

# SUIVEZ LE GUIDE

Il est aujourd'hui impossible de mettre la main sur des pièces de linge antérieures aux années 1890. Elles ont en effet été usées jusqu'à la trame et ne sont donc pas parvenues jusqu'à nous. Vous en verrez peut-être dans les musées ou dans des collections privées, mais pas dans les brocantes !

En revanche, on peut encore dénicher des draps, des serviettes ou des nappes des années 1890 à 1940, dans des matières comme le lin, le coton, le métis (la trame est en lin, la chaîne est en coton) ou encore le chanvre.

Petite astuce pour repérer le chanvre : lorsque vous placez la pièce en chanvre à la hauteur de vos yeux, vous verrez une multitude de poils, car le chanvre est velu.

Au niveau des prix, plusieurs critères sont à prendre en compte : l'état de conservation, la finesse et la complexité des motifs (dentelles, broderies, jours...) et enfin l'ancienneté.

Comment alors dater ce linge ? Prenons l'exemple des draps. Les motifs peuvent nous fournir quelques indices. Avant 1920, la tendance était plutôt aux fleurs, feuillages et volutes. Alors qu'après, les motifs géométriques ajourés s'imposent. Mais surtout, les draps du XIX$^{e}$ siècle ne sont jamais réalisés d'une seule pièce. Ils ont tous une couture apparente au centre, car les métiers à tisser de l'époque étaient trop petits. Deux pans de tissu étaient donc nécessaires.

**Prix : de 30 à 200 euros selon leur taille et le nombre de motifs (certains abécédaires sont en plus ornés de frises ou de personnages).**

# MES **COUPS DE** CŒUR

## › LES ABÉCÉDAIRES

Au Moyen Âge, le linge de maison est chiffré, c'est-à-dire brodé aux initiales de son propriétaire, afin d'être identifié à la sortie du lavoir communal. Cette tradition se perd peu à peu, avant de ressurgir au XIXe siècle, avec le fameux trousseau de mariage.

Pour s'entraîner à broder leurs initiales, les demoiselles à marier réalisent alors de très nombreux abécédaires que l'on retrouve aujourd'hui sur les stands de linge ancien.

Si vous dénichez un abécédaire auquel il manque des lettres, sachez que ces oublis sont volontaires et constituent la preuve que l'abécédaire n'a pas été réalisé en usine. En effet, le graphisme de certaines lettres doublonne avec d'autres. Si la jeune fille était parvenue à broder un V, on considérait qu'elle savait également réaliser le W. Idem pour le O et le Q. Quant aux X, Y et Z, ils étaient trop rares dans les noms de famille de l'époque, donc jugés inutiles.

## › LES BOUTIS ET PIQUES DE COTON

Typiques des trousseaux du Midi de la France, les couvre-lits en boutis ou en piqués de coton sont à nouveau très tendance. Attention, cependant à ne pas confondre les deux techniques.

Dans un piqué, il y a trois épaisseurs. L'aspect matelassé est dû à la couche de ouate que l'on place entre deux pièces de tissu. Un piqué peut donc très bien être réalisé en machine.

**Prix : de 40 à 200 euros pour un piqué et de 1500 à 5000 euros pour un boutis selon la qualité du tissu et la taille de la pièce.**

Alors que le relief d'un boutis (constitué par deux épaisseurs de tissu) est obtenu en faisant passer des mèches de coton, une par une, entre les lignes de piquage préalablement dessinées. Imaginez le travail que cela implique...

## TRUCS **DE** BROCS

Contrairement à ce qu'on pourrait imaginer, et mis à part les ouvrages en dentelle qui ne supportent qu'un lavage à la main avec une lessive adaptée, les nappes et draps en coton ou en lin passent sans problème en machine. Choisissez un programme pour textiles délicats et ne dépassez pas les 50 °C.

Pour vos plus belles pièces, je vous conseille de les glisser dans une taie d'oreiller avant de les mettre en machine (afin de les protéger du tambour en métal).

En revanche, pas de sèche-linge qui abîme les fibres. La corde à linge s'impose !

Pour accentuer la blancheur de vote linge, il existe plusieurs astuces : acheter un produit « à blanchir » dans le commerce. Ou tout simplement laisser votre linge sécher au soleil. Car le soleil a le pouvoir de blanchir le linge.

Pour les taches, vous pouvez toujours tenter votre chance avec des détachants vendus dans le commerce. Mais, n'utilisez jamais d'eau de Javel qui brûle les tissus. Et dites-vous que toutes les taches ne disparaissent pas, notamment celles provoquées par le thé. D'ailleurs si le brocanteur vous les vend ainsi, c'est que lui-même n'en est peut-être pas venu à bout.

# CÔTÉ DÉCO

Faut-il négliger les pièces de linge tachées ? Pas forcément. Vous pouvez tout d'abord conserver les parties intactes, et notamment les broderies, pour les reporter sur des coussins. Ou encore les faire teindre en marron, chocolat ou aubergine, avec des produits vendus dans le commerce (marque Dylon par exemple). Le résultat est souvent superbe. Housses de couettes, coussins, rideaux, tout est alors possible.

Un truc à savoir cependant : la teinture ne prend pas sur les fils synthétiques. Si votre drap ancien a été récemment reprisé, la teinture n'accrochera pas sur ces fils-là. Vous risquez donc d'obtenir un tissu teint, avec des fils qui seront restés blancs. Résultat catastrophique !

## LES BONNES PISTES

Là encore, les brocantes et les vide-greniers regorgent de merveilles. Il existe cependant de nombreuses boutiques spécialisées.

- Boutique de Janine Giovannoni, 99 rue des rosiers, à l'angle des allées 3 et 7 stand 141, marché Vernaison des puces de Saint-Ouen (93). Tél. : 01 40 12 39 13.
- Boutique : Frip' ou Net', 21 rue Loquin, 64500 Saint-Jean-de-Luz. Tél. : 05 59 26 92 89.
- Pour le linge ancien et teint : voir la boutique Dans de beaux draps de Jeannine Cros, 11 rue d'Assas à Paris, VI$^{e}$. Tél. : 01 45 48 00 67.
- Des ventes aux enchères sont également organisées. Expert en linge : Sylvie Daniel à Paris. Tél. : 01 40 44 88 64.
- Enfin à noter que chez Marie Lavande, 83 avenue Daumesnil à Paris, XII$^{e}$ (Tél. : 01 44 67 78 78), vos plus belles pièces sont lavées et nettoyées à l'ancienne. www.marie-lavande.com ■

BIEN
CHINER
CHINER

Chapitre 16

# LES PLASTIQUES

**Bons à jeter dans les années 1970, les meubles et objets en plastique sont revenus sur le devant de la scène. Couleurs excentriques, formes arrondies, parfois délirantes attirent une clientèle toujours plus nombreuse.**

## LE **SAVIEZ**-VOUS ?

Qu'est-ce qu'un objet « plastique » ? D'après le *Dictionnaire des mobiliers et des objets d'art du Moyen Âge au XXIe siècle*, « un matériau est considéré comme plastique quand il peut se déformer sous la chaleur ou la pression et conserver la forme qui lui est donnée ».

Tous les plastiques ne sont donc pas systématiquement artificiels ou synthétiques. C'est par exemple le cas de l'ambre, cette résine de pin fossilisée, utilisée depuis l'Antiquité ou encore la carapace de certains animaux (l'écaille).

Les premiers plastiques semi-synthétiques, comme le Celluloïd ou la caséine, datent de la seconde moitié du XIXe siècle. Au début de XXe siècle, pour faire face à la pénurie de matières premières, les plastiques entièrement synthétiques (la Bakélite par exemple) apparaissent enfin et vont régner jusqu'au premier choc pétrolier, en 1973.

Parmi les grands créateurs de mobilier en plastique, retenez : Joe Colombo, Olivier Mourgue, Pierre Paulin, Roger Tallon, sans oublier le Danois Verner Panton, à qui l'on doit la célèbre « Panton », cette chaise en forme de « S », commercialisée en 1967.

## SUIVEZ LE GUIDE

Vous l'avez sans doute constaté, la cote des meubles et objets en plastique des années 1960 a explosé ces dernières années. C'est l'inévitable loi du marché : quand la demande est importante, ce qui est le cas depuis les années 2000, les prix grimpent.

Pourtant, en cherchant bien, on arrive aujourd'hui encore à se faire plaisir, sans forcément se ruiner.

La cote dépend en effet de la rareté de l'objet (a-t-il été édité en très grande série ou s'agit-il d'un tirage limité ?), de la notoriété de son designer et parfois de la couleur : le célèbre téléphone S63 à cadran par exemple, mis en circulation en 1963, coûte autour de 10 euros s'il est gris. Le même modèle, mais orange, vaut quatre fois plus cher.

Enfin, dernier critère essentiel, l'état de conservation. Car contrairement à ce qu'on pourrait penser, les meubles et objets en plastique des années 1960-1970 ne sont pas d'une résistance à toute épreuve. Avec le temps, certains plastiques s'effritent, d'autres se déforment ou se cassent. Or il faut savoir que le plastique se restaure très mal. On peut toujours recoller deux morceaux ensemble, mais cette réparation résiste rarement très longtemps.

En plus, certaines couleurs comme le blanc virent. Donc un conseil, achetez toujours des meubles ou des objets en bon état.

## MES COUPS DE CŒUR

### > LES PETITES VOITURES NOREV

En 1946, trois frères, Paul, Émile et Joseph Véron (anagramme de Norev) fondent leur entreprise, alors

spécialisée dans la fabrication de montres en plastique pour enfants.

Sept ans plus tard, ils sortent leur tout premier modèle de voiture, une Simca 9 Aronde en plastique, avec un châssis en fer. Plus populaires que les voitures en zamac (l'alliage dans lequel sont réalisés les Dinky Toys), les Norev vont malgré tout séduire des générations de petits garçons.

Et dire qu'il y a encore une dizaine d'années, ces petites voitures Norev se chinaient par lot, pour quelques euros seulement. Aujourd'hui, ce sont de véritables objets de collection.

**Prix : de 4 à 500 euros selon l'état, la présence de l'emballage d'origine et la rareté du modèle (une très rare traction Citroën 15-Six noire de 1954 cote aujourd'hui près de 800 euros !).**

## > LA CHAISE PANTON

**Prix : de 50 à 850 euros, selon l'ancienneté de la chaise et les plastiques utilisés**

Le designer danois Verner Panton est l'une des figures les plus marquantes du design industriel. S'il a réalisé, au cours de sa carrière, de très nombreux meubles et objets de décoration (lampes, lampadaires, suspension ou fauteuils), son nom reste à jamais associé à sa chaise en forme de S, la première chaise monobloc, en plastique moulé. Il l'avait imaginée dès les années 1960. Mais faute de moyens, il avait dû mettre son projet en sommeil. Finalement, les premiers prototypes en polyester renforcé de fibre de verre sortent

entre 1967 et 1968. Aujourd'hui, la Panton est toujours éditée, mais dans un tout autre plastique (le polypropylène).

## › LE TABOURET TAM-TAM

On connaît tous le tam-tam, ce tabouret en forme de diabolo, composé de deux cônes qui s'emboîtent, équipé d'un couvercle. Déjà parce qu'il est réédité depuis 2002 par Branex, avec les moules d'origine. Ensuite parce qu'on l'a tous eu chez soi, dans les années 1970.

Mais savez-vous qu'il avait été réalisé pour les pêcheurs ?

En 1968, alors qu'il dirige une société spécialisée dans la production de seaux et de glacières en plastique pour les pêcheurs, Henry Massonet a l'idée de leur fabriquer un siège facile, léger et pratique : le tam-tam. Les pêcheurs ne succomberont jamais à son charme. En revanche, la plupart des foyers l'adopteront. Jusqu'en 1973, pas moins de 12 millions de modèles seront vendus. Un énorme succès.

**Prix : à partir de 5 euros** pour les modèles Branex et **autour de 40 euros** pour les éditions Stamp (usine dont Massonet est propriétaire).

## TRUCS **DE** BROCS

Les meubles et objets en plastique se nettoient tout simplement (et c'est justement ce qui a contribué à leur essor dans les années 1960). Évitez les produits trop agressifs qui peuvent endommager le plastique.

S'ils sont sales, un peu d'eau (pas trop chaude) et du liquide vaisselle suffisent.

Vous pouvez également leur rendre de leur éclat en appliquant, à l'aide d'un chiffon doux, genre feutrine, de la pâte à polir (on en trouve dans la plupart des magasins de bricolage). Faites toujours un test sur une petite surface cachée avant de vous lancer dans cette opération.

Si vos objets en plastique sont rayés, pas de panique : il existe également dans le commerce des rénovateurs pour plastiques qui font de véritables miracles. Ils ne font pas disparaître complètement les rayures, mais peuvent parfois les atténuer de manière assez spectaculaire.

Enfin, s'il y a des traces de colle, provenant d'étiquettes par exemple, essayez l'essence de térébenthine. Seule précaution à prendre avec le plastique, éviter certains solvants comme l'acétone qui le font fondre.

## LES BONNES PISTES

Plusieurs pistes pour ceux qui sont à la recherche de meubles et objets en plastiques : les puces, les centres Emmaüs et les boutiques spécialisées.

- Une des plus célèbres boutiques : XXO, 78 rue de la Fraternité, 93230 Romainville. Tél. : 01 48 18 08 88. www.xxo.com
- Des manifestations se sont également spécialisées dans le design, comme les puces du design qui ont lieu à Paris sur le quai de la Loire, dans le XIX$^{e}$. (www.pucesdudesign.info). Surveillez également les ventes aux enchères.
- À noter enfin le musée du Plasticarium qui se trouve à Bruxelles (35 rue Locquenghien 1000 Bruxelles). ■

BIEN CHINER

Chapitre 17

# LA BAKÉLITE

**Parmi tous les plastiques, la Bakélite occupe une place à part. Et pourtant, qui aurait parié dans les années 1920 sur ce nouveau matériau ? Aujourd'hui, on s'arrache tous les objets en Bakélite : bijoux, boutons, postes radio anciens…**

## LE **SAVIEZ**-VOUS ?

La Bakélite est une résine entièrement synthétique mise au point en 1907 par un chimiste d'origine belge passionné par la photo, Léo Baekeland. D'où le terme de Bakélite.

Cette géniale invention va tout d'abord être utilisée pour ses propriétés isolantes. Elle sert à la réalisation d'interrupteurs électriques (jusqu'alors en porcelaine), de poignées de casseroles, de cendriers ou d'appareils ménagers. Il n'est pas alors encore question de bijoux : la Bakélite, à l'origine de couleur foncée, est jugée austère, artificielle et indigne de bijoux.

Mais la crise de 1929 survient. Les bijoutiers et les grands couturiers sont obligés de délaisser les matières précieuses au profit de cette résine synthétique peu onéreuse. En plus, de nouveaux coloris apparaissent : le rouge, le vert, l'orange… Dans les années 1930, la Bakélite devient ultratendance et est à son apogée. On l'appelle « le matériau aux mille usages ».

Puis de nouveaux plastiques sont inventés. La Bakélite tombe en désuétude. Elle connaît cependant un second souffle aujourd'hui, avec la mode des vêtements et accessoires « vintage ».

# SUIVEZ LE GUIDE

Les spécialistes vous le diront, il est très difficile pour un non-initié de distinguer la Bakélite d'une autre matière plastique. Comment en effet, lorsqu'on n'a pas l'œil exercé, apprécier ce brillant, cette opacité et cette texture si particulière à la Bakélite ?

Je vais malgré tout vous confier quelques astuces qui vous guideront dans vos achats.

Tout d'abord, examinez minutieusement l'objet que vous avez repéré. La Bakélite n'est pas une matière uniforme. Elle présente toujours de discrètes marbrures.

Ensuite, touchez. Contrairement à ce qu'on pourrait imaginer, puisqu'il s'agit d'un plastique, la Bakélite n'est pas lisse. Elle est très légèrement rugueuse au toucher.

Autre indice, l'odeur. Quand on frotte vigoureusement un objet en Bakélite à l'aide d'un chiffon, une étrange

odeur de fil électrique brûlé s'en dégage. Cette odeur révèle la présence de phénol, un produit chimique qui entre dans la composition de la Bakélite.

Enfin, dernière astuce, qui est assez facile à réaliser : prenez une aiguille, chauffez-la à l'aide d'un briquet et piquez immédiatement l'objet. S'il s'agit véritablement de Bakélite, elle ne fondra pas sous cette source de chaleur, contrairement aux autres types de plastique.

## MES **COUPS** **DE** CŒUR

### > LES BIJOUX

C'est le grand retour des bijoux en Bakélite ! Les femmes apprécient aussi bien leurs couleurs pétillantes et acidulées que les modèles plus sobres mais très chics. Bracelets, boucles d'oreilles, broches, colliers, bagues... Il y en a pour tous les goûts et pour toutes les bourses. Parmi les plus prisés : les modèles de Coco Chanel ou d'Elsa Schiaparelli.

**Prix : à partir de 8 euros pour une bague toute simple et jusqu'à 500 euros pour les bijoux de grands couturiers.**

### > LES POSTES RADIO

Radiola, Ducretet, Hardy et surtout Marconi, du nom de ce physicien italien qui a déposé le brevet de la Télégraphie Sans Fil (la fameuse TSF)... À la fin des années 1930, il y avait plus de 300 fabricants de récepteurs, rien qu'en France. Les postes ne sont plus en bois, comme dans les années 1920, mais en Bakélite.

Ces vieux postes attirent aujourd'hui de très nombreux chineurs et collectionneurs. Certains vont privilégier les formes et les couleurs, d'autres ne s'in-

SONNECLAIR
Séduction
SONNECLAIR-RADIO
P.O
O.C
B.E
G.O
MOSCOU
LONDRES
OC
PO
GO
AUTR.
BORDEAUX
R.S.3
NICE
STRASBOURG
LILLE
ALGER
ITALIE
R.S.2
TUNIS
PARIS II
STRASB.
START-P.
R.S.1
SARRE
TCHÉCOSLOVAQUIE

téresseront qu'aux modèles en parfait état. Ce qui signifie que le poste doit non seulement avoir toutes ses pièces d'origine (lampe, caisse, plaque avec le nom du constructeur et le numéro de série...), mais il doit aussi être en état de marche. Attention, jusqu'en 1960, on utilisait du courant électrique de tension 110 volts. Pensez au transformateur avant de brancher votre nouvelle acquisition !

**Prix : de 50 à 7000 euros** selon son ancienneté et son état.

## TRUCS **DE** BROCS

Ici encore, gare aux idées reçues ! Ce n'est pas parce que la Bakélite est un plastique qu'elle n'est pas fragile. Bien au contraire.

Tout d'abord n'exposez jamais un objet en Bakélite, et plus particulièrement vos bijoux, au soleil. Sinon, les couleurs vont « brûler », en virant au marron foncé.

Pour les conserver, je vous conseille de les envelopper soigneusement dans un chiffon et de les ranger dans un tiroir, bien à l'abri de la lumière.

Pour les nettoyer, et toujours pour vos bijoux, laissez-les tremper dans de l'eau savonneuse. Surtout pas de

produits pour la vaisselle, ils sont beaucoup trop agressifs. Et brossez-les avec une brosse souple. Rincez et essuyez.

Si, après ce premier nettoyage, les objets sont toujours tachés, vous pouvez essayer d'imbiber un chiffon de vinaigre. Frottez délicatement, rincez à l'eau et séchez.

Pour les vieux téléphones, postes de radio ou ventilateurs, vous vous doutez bien qu'il n'est pas question de les plonger dans l'eau. Une éponge humide et un peu de savon suffiront amplement.

Pour finir, certains passent une couche de cire sur la Bakélite. Je préfère la faire briller avec un chiffon doux et une bonne dose d'huile de coude.

## LES BONNES PISTES

Puces, centres Emmaüs, brocantes... La Bakélite est partout.
Mais pour les bijoux, je vous conseille de faire un tour dans les boutiques de vêtements « vintage », les ventes aux enchères sur ce thème (eh oui, il y en a !) ou les salons, comme Massilia Vintage à Marseille (13000).
Pour les amateurs de vieux postes radio, voici deux pistes en plus des brocantes :

- Les ventes aux enchères qui sont régulièrement organisées sur ce thème, comme par exemple à la galerie de Chartres, 10 rue Claude Bernard, Z.A. du Coudray, 28003 Chartres. Tél. : 02 37 88 28 28.
- La boutique Paléophonies, 16 rue de Vaugirard à Paris, VI^e^. Tél. : 01 46 33 20 17. www.paleophonies.com ■

BIEN CHINER

# LES MEUBLES EN BOIS

Chapitre 18

**Même à l'heure du design industriel, le bois conserve une place d'honneur dans le cœur des chineurs. Chaleureux, authentique, solide, le bois nous rassure. Meubles de campagne, de métiers ou d'usine, à vous de choisir !**

## LE **SAVIEZ**-VOUS ?

Soixante-dix mille essences d'arbre sont connues à ce jour. Vous imaginez le casse-tête, pour établir un classement ?

Certains ouvrages opposent les bois durs (les feuillus) et les bois tendres (les conifères). Problème : certains bois classés dans les tendres sont en réalité plus durs que ceux classés dans les durs... D'autres distinguent les bois de menuiserie pour les pièces massives et les bois d'ébénisterie pour réaliser les placages... Laissons cette distinction aux gens de métier.

Le classement qui me paraît le plus « accessible » est établi selon la provenance du bois : premièrement les bois indigènes (de provenance européenne) comme le chêne, le noyer ou le pin, et deuxièmement les bois exotiques (venant d'Afrique, d'Amérique ou d'Asie) comme l'acajou et l'ébène.

Qu'est-ce qu'une estampille ? C'est la signature du menuisier ou de l'ébéniste sculptée en relief sur un bloc de métal ou frappée au fer dans le bois. Elle a été rendue obligatoire à partir de 1743. Elle permet, en théorie, d'authentifier un meuble et lui confère bien souvent une belle plus-value. Hélas, les fausses estampilles pullulent. Apprenez donc à apprécier un meuble pour ce qu'il est, et non pour ce qu'il semble être.

Bon à savoir : un meuble restauré à plus de 30 % n'est plus considéré comme une pièce authentique.

# SUIVEZ LE GUIDE

Mettons de côté les meubles des XVIIe et XVIIIe siècles : ce sont des antiquités qui se chinent davantage dans les salles de ventes que sur les brocantes ou les vide-greniers. En revanche, les pièces du XIXe siècle sont courantes dans les brocantes. Comment alors différencier un meuble du XIXe siècle d'un modèle du XXe (distinction importante car un meuble du XIXe siècle aura souvent plus de valeur qu'un modèle récent). Examinez tout d'abord l'ensemble du bois : il doit être homogène. Par exemple, un buffet deux corps, qui n'a pas été réalisé dans le même bois est suspect.

Regardez ensuite la patine du meuble. Un bois se patine en profondeur. Les faussaires se contentent souvent d'appliquer une coloration qui ne pénètre pas dans le bois. Il suffit donc de gratter un peu le meuble pour constater que cette patine est artificielle.

Ensuite, le bois étant un matériau « vivant », a tendance à se rétracter au fil des ans. Une table avec des planches disjointes ne doit donc pas vous rebuter, bien au contraire.

Soyez également attentifs aux points d'assemblage (les plus anciens sont chevillés et non collés), aux traces de sciage dans les parties cachées (comme les tiroirs). Si celles-ci sont irrégulières et penchées, le meuble a de fortes chances de dater du début du XIXe siècle.

Enfin, dernière astuce, regardez attentivement les trous de vers. Certains faussaires les réalisent à la machine et piquent artificiellement le bois pour lui donner un aspect vieilli. Munissez-vous d'une épingle. Si votre épingle s'enfonce de façon verticale sur plusieurs millimètres, ces trous de vers sont faux. En effet, les vers n'attaquent jamais le bois en profondeur. Ils creusent toujours dans le sens des veines du bois. Votre aiguille va donc s'enfoncer d'un ou deux millimètres, en biais, avant de buter contre le coude d'une galerie.

# MON **COUP** **DE** CŒUR

## > LES MEUBLES DE MÉTIERS

Depuis une dizaine d'années, les meubles de métiers ont le vent en poupe. Les Américains et les Anglais en raffolent. Ces meubles sont de plus en plus rares à dénicher, donc de plus en plus chers. Mais, avec un peu de perspicacité, on peut encore trouver de très belles pièces, à des prix abordables. Oubliez les superbes meubles de pharmacie, avec leurs tiroirs et leur partie supérieure vitrée, ceux-là sont désormais introuvables. En revanche, les billots de boucher, les meubles de grainetier, de drapier ou d'herboristerie sont encore accessibles.

**Prix : de 600 à 3000 euros selon leur état, leur dimension, leur ancienneté, leur rareté et (souvent) le nombre de tiroirs.**

## > LES TABLES DE FERME

Jusqu'à la fin du XVIII$^{e}$ siècle, les repas à la ferme se prenaient sur le pétrin (meuble sur lequel on pétrissait la pâte à pain) ou éventuellement sur des plateaux de bois posés sur des tréteaux. Les tables de ferme ne sont donc apparues qu'après la Révolution française.

Elles mesurent en général 1,80 m de long et 0,75 m de large mais certaines peuvent être beaucoup plus imposantes et dépasser les 7 mètres. Elles ont souvent été fabriquées dans les bois de la région : noyer, chêne ou mélèze (dans les Alpes).

Attention, il existe de nombreuses rééditions. Vérifiez que le plateau est patiné en profondeur, que les bords du plateau, les pieds et la barre d'entretroise sont émoussés.

**Prix : entre 900 et 2000 euros** selon le bois utilisé, leur état, leur ancienneté et les dimensions.

## COTÉ **DÉCO**

Vous avez sans doute remarqué que depuis quelques années, le mobilier industriel a la cote. Tabourets, étagères, vestiaires, suspensions, établis, bureaux, horloges. Ces meubles et objets, généralement en bois et métal (ou en métal seulement) se marient aujourd'hui très bien avec du bois et ne demandent qu'à reprendre du service. N'hésitez donc pas à accrocher une horloge industrielle au-dessus d'un buffet en bois.

**Prix : à partir de 100 euros** pour une horloge, **à partir de 75 euros** pour une lampe et **à partir de 90 euros** pour une chaise.

## TRUCS **DE** BROCS

Principal ennemi du bois, le ver ! Je vous conseille de traiter systématiquement les meubles en bois que vous venez d'acquérir même si cela ne vous semble pas nécessaire. Pour cela, évitez le pétrole qui noircit le bois. Optez plutôt pour un produit type Xylophène. Commencez par en badigeonner votre meuble avec un pinceau, même sur les parties qui ne semblent pas infestées. Sinon, les vers vont fuir la zone traitée et faire leurs dégâts plus loin. Puis, à l'aide d'une seringue, déposez du produit dans chaque trou. Ce travail est certes fastidieux mais absolument indispensable.

En revanche, pas de Xylophène sur les placages ou la marqueterie.

Je vous propose maintenant une recette toute simple pour remettre en état tous les meubles en bois vernis.

Pour les décaper, je vous conseille d'acheter un décapant chimique sous forme de gel (qui ne coule pas). Enduisez-en le meuble et laissez agir le produit entre 10 à 20 minutes. Lorsque l'ancien vernis est bien ramolli, retirez-le en le grattant, dans le sens du bois, avec une spatule métallique et éventuellement une brosse à dents pour les rainures.

Rincez ensuite votre meuble avec une éponge imbibée d'eau tiède pour neutraliser les effets du décapant et laissez-le bien sécher (une nuit par exemple).

Le lendemain, frottez à nouveau votre meuble avec un tampon de laine d'acier pour éliminer tous les résidus, essuyez-le avec un chiffon doux et cirez avec une cire d'abeille. Enfantin, non ?

## LES BONNES PISTES

Les meubles en bois se chinent dans toutes les brocantes de France et de Navarre, aux puces, dans les centres Emmaüs, les vide-greniers, les ventes aux enchères, les petites annonces de magazines spécialisés...

Pour retaper ou restaurer vos meubles, voici des adresses qui proposent les produits et le matériel dont vous aurez besoin :

- Dugay, 92 rue des Rosiers, Les Rues des puces de Saint-Ouen (93). Tél. : 01 40 11 87 30. www.produits-dugay.com
- HMB et BDA, 8 rue de Prague à Paris, $\text{XII}^{e}$. Tél. : 01 43 43 17 49.
- Pour le mobilier industriel : Gilles et Lydia Oudin, 110 rue des rosiers, marché Paul-Bert des puces de Saint-Ouen (93).

Chapitre 19

# LES OBJETS EN BOIS

**Mortiers, marques à pain, moules à beurre, outils… Ils sont innombrables, et pourtant chacun d'eux est unique. Gros plan sur ce qu'on appelle aujourd'hui «les objets d'art populaire» en bois.**

## LE **SAVIEZ**-VOUS ?

On entend aujourd'hui partout que les objets d'art populaire ont la cote. Mais qu'est-ce qu'un objet d'art populaire ? Pour faire simple, disons que c'est un objet ou un outil qui a été réalisé par des personnes ordinaires dont ce n'est, en principe, pas le métier ou l'occupation principale. Par exemple un coupe-pain façonné par un paysan ou une boîte à sel fabriquée par un pêcheur.

Ces petits objets du quotidien sont aujourd'hui considérés comme de véritables trésors parce qu'ils sont les témoins d'une époque, d'une façon de vivre, d'une histoire. De notre histoire.

Ils ont souvent été réalisés par leurs utilisateurs eux-mêmes, à la pointe du couteau, pour différentes raisons : par souci économique, par tradition ou pour s'occuper lors des longues soirées d'hiver.

La plupart des objets d'art populaire sont en bois. Il s'agit essentiellement d'essences locales comme le pin, le noyer, le hêtre ou le châtaignier.

## **SUIVEZ** LE **GUIDE**

La grande majorité des «œuvres» d'art populaire que l'on peut aujourd'hui dénicher dans les brocantes et les vide-greniers datent essentiellement du XIX$^{e}$ ou du XX$^{e}$ siècle. Malheureusement, il est extrêmement

difficile de les dater avec précision (sauf lorsqu'on est expert !). Et pour cause, ces objets de la vie quotidienne avaient à l'époque une vocation privée et personnelle. Les fabricants n'ont donc souvent pas jugé utile de les signer ou d'y apposer une date. En plus, beaucoup d'entre eux ne savaient ni lire, ni écrire. D'où la difficulté de les authentifier.

Il existe cependant quelques exceptions : certains outils devaient être identifiés par leur propriétaire (c'est par exemple le cas des rabots). En plus du nom et de la date, certains comportent même des marques de campagnonnage.

C'est également le cas des objets offerts en cadeaux de mariage, de fiançailles ou de naissance, comme les coffrets. On peut ainsi apercevoir un prénom ou une date.

En revanche, l'essence du bois et les décors peuvent apporter des précisions sur l'origine géographique de l'objet.

Mais finalement, un peu de bon sens : un objet trop neuf, sans taches ni coups ou traces d'usure a, *a priori*, peu de chances d'être très ancien.

## MES **COUPS DE** CŒUR

### › LES MARQUES À PAIN

Pendant très longtemps, la cuisson du pain s'est faite dans des fours communautaires. Or, pour que chaque famille puisse identifier sa production à la sortie du four, des « signatures » étaient apposées sur les miches avant la cuisson. Ces signes de reconnaissance se faisaient soit à la pointe d'un couteau (un trait ou une croix par exemple), soit à l'aide d'une marque à pain.

Ces marques à pain étaient réalisées par la famille elle-même, ou par un sculpteur professionnel, pour les familles plus aisées.

Elles étaient toujours en bois, mais pouvaient revêtir plusieurs formes : carrée, ronde ou ovale, plate ou cylindrique.

Leurs décors variaient bien sûr selon les familles : initiales, emblèmes religieux, figures géométriques, fleurs...

Évidemment, les marques à pain les plus travaillées sont aujourd'hui les plus rares, donc les plus chères.

**Prix : de 30 à 700 euros selon la richesse des décors.**

## > LES MOULES À BEURRE

Hêtre, buis, merisier ou encore châtaignier... Les essences de bois utilisées par les hommes pour confectionner les moules à beurre variaient d'une région à l'autre. Avec cependant un impératif : le bois ne devait pas avoir d'odeur pour ne pas la transmettre au beurre.

Les formes n'obéissaient à aucune règle : ovales, rectangulaires ou rondes. En revanche, les motifs sculptés au fond du moule étaient propres à chaque ferme (vache, fleurs, cœurs ou feuilles). Car ici encore, les motifs permettaient d'identifier le producteur. Chaque ferme produisait son beurre pour le vendre au marché. Les empreintes aidaient donc à établir sa provenance.

Ces empreintes indiquaient en plus la fraîcheur du beurre. Plus elles étaient nettes, plus le beurre était frais. Dans le cas contraire, il commençait à s'oxyder.

**Prix : de 60 à 300 euros** selon la beauté du moule et la finesse des motifs.

## TRUCS DE BROCS

Qu'est-ce qui fait le charme de ces objets d'art populaire ? La patine ! Alors, de grâce, n'employez jamais de détergents ou de décapants trop agressifs.

Pour le nettoyage, contentez-vous d'eau et de savon de Marseille. Et s'il reste des taches, dites-vous qu'elles font désormais partie de l'objet. Mieux vaut un pichet

conservé «dans son jus» qu'un pichet parfaitement propre.

Par contre, pensez systématiquement à les traiter contre les vers (pourquoi pas en les plongeant une journée dans du Xylophène) et n'hésitez pas à passer une couche de cire pour nourrir le bois.

Je vous conseille ensuite de les exposer à l'abri de l'humidité (sinon vos petits trésors risquent de moisir) et des variations de température qui peuvent, au fil des ans, fendre le bois.

## LES BONNES PISTES

Les objets d'art populaire se dénichent dans les brocantes et les vide-greniers, sur Internet ou dans les magasins d'antiquités et de brocante. Les ventes aux enchères sur ce thème se multiplient : la galerie de Chartres en propose ainsi très régulièrement.
Il existe également de plus en plus de foires et de rencontres de collectionneurs. L'une des plus importantes est la foire à l'outil ancien, organisée chaque année, le 1er mai, à Bièvres, dans l'Essonne (91).

- À visiter : le musée Mistral, Musée Interactif des Savoirs, Traditions et Arts locaux, place des Conques, 12260 Villeneuve d'Aveyron. Tél. : 05 65 65 68 15. www.museemistral.com
- Ou encore : le musée de Troyes, 1 Rue Chrétien de Troyes 10000 Troyes. Tél. : 03 25 76 21 68.
- Boutique spécialisée : Présents-Passé, 140 rue des rosiers, boutique 23, marché Dauphine des puces de Saint-Ouen (93). Tél. : 01 40 12 87 36. ■

BIEN CHINER CHINER

Chapitre 20

# LE COIN DES VIEUX PAPIERS

# BIEN CHINER

**Qui n'est pas un jour resté songeur devant une carte postale, une affiche, un livre ancien ou une lithographie? L'univers des vieux papiers à la fois passionnant et émouvant, presque magique.**

## LE **SAVIEZ**-VOUS?

Si je vous dis «vieux papiers», vous pensez bien sûr aux vieux livres. Et vous avez raison! Mais connaissez-vous la différence entre un incunable, un livre ancien et un livre moderne?

Un «incunable» est un ouvrage qui date du début de l'imprimerie. Un livre «ancien» a été imprimé entre 1440 et 1880. Enfin, les professionnels considèrent qu'un livre est «moderne» lorsqu'il a été imprimé après la fin du XIX$^{e}$ siècle.

Mais les «vieux papiers», ce sont aussi des cartes postales, des affiches, des cartes géographiques, des actions, des buvards, des photos, des dessins, des périodiques... Bref, tout ce qui est écrit, dessiné, peint ou imprimé. Il y a en a donc pour tous les goûts.

Dans cet univers du vieux papier, il existe un lieu quasi mythique: les bouquinistes des quais de Seine, à Paris. Savez-vous qu'ils descendent des colporteurs du Pont-Neuf? Au XIX$^{e}$ siècle, les colporteurs avaient l'habitude, lorsque les boîtes qu'ils portaient autour du cou devenaient trop lourdes, de les poser sur les parapets. Au fil des ans, ils se sont sédentarisés et se sont spécialisés dans les livres et les vieux papiers. Aujourd'hui, ils font partie d'un décor classé patrimoine culturel mondial par l'Unesco!

## SUIVEZ LE GUIDE

Soyons honnêtes, il est particulièrement difficile d'authentifier un « vieux papier ». Seul un expert saura apprécier la texture du papier, les outils utilisés, les couleurs, « la patte » de l'artiste...

Il y a pourtant une astuce que je tenais à vous communiquer, et qui concerne l'impression d'une illustration. Aujourd'hui, l'une des techniques les plus courantes est l'offset. Cette technique a été mise au point à la fin du XIX$^{e}$ siècle, mais elle n'a véritablement été utilisée qu'à partir des années 1950. Elle est dérivée de la lithographie (mise au point par Alois Senefelder à la fin du XVIII$^{e}$ siècle).

Comment différencier ces deux techniques ? La question est primordiale puisqu'en fonction de la technique utilisée, vous saurez si une œuvre est ancienne ou récente. Prenons l'exemple d'une affiche. Observez-la avec minutie, en contre-jour. Si vous distinguez une multitude de petits points, vous pouvez être sûr que votre affiche a été imprimée en offset. Elle date donc de la seconde moitié du XX$^{e}$ siècle. Alors que s'il s'agit d'une lithographie, ces points sont inexistants. Votre affiche a donc de fortes chances d'être plus ancienne, du XIX$^{e}$ ou de la première moitié du XX$^{e}$ siècle.

## MES COUPS DE CŒUR

### > LES LIVRES DE LA BIBLIOTHÈQUE ROSE

Pourquoi une bibliothèque « rose » ? Tout commence en 1852, lorsque Louis Hachette lance la « Bibliothèque des chemins de fer », une série destinée à occuper les voyageurs pendant leurs expéditions en train

(« expédition » est bien le terme car à l'époque, Paris ne se trouvait pas à trois heures de Marseille !).

Plusieurs types d'ouvrage sont alors à leur disposition : une édition rouge axée sur le tourisme, une bleue pour l'agriculture et l'industrie...

**Prix : de 5 euros à 1000 euros selon leur état et leur ancienneté (1000 euros pour une édition originale en parfait état des *Malheurs de Sophie*).**

Quatre ans plus tard, Hachette a l'idée géniale de penser aux enfants. Pour eux, la collection sera tout naturellement... rose ! Lorsque *les Petites Filles modèles* de la comtesse de Ségur paraissent en 1857, c'est un triomphe. Puis paraissent *Un bon petit diable, Les Malheurs de Sophie, Les Mémoires d'un âne*...

D'autres auteurs sont ensuite publiés au XXe siècle : Georges Chaulet avec Fantômette, Enid Blyton avec Le Club des Cinq...

Aujourd'hui, ces vieilles éditions de la Bibliothèque rose font le bonheur des collectionneurs.

## > LE GUIDE MICHELIN

Mais oui, il y a des collectionneurs de guides Michelin ! Leur rêve ? Posséder une édition de 1900 ou de 1944 !

Pourquoi 1900 ? Parce que c'est le premier guide Michelin. À l'époque, le guide est déjà rouge, mais il n'a aucune vocation gastronomique. On n'y trouve ni grand restaurant ni grand hôtel. Juste des adresses de mécaniciens, de dépôts d'essence ou de fosses pour aller bricoler sa voiture. Des informations indispensables puisqu'il n'existe alors pas de garages ou de stations-service. Pour acheter son essence, l'automobiliste doit donc aller chez le boulanger, le quincaillier ou le chapelier. Véridique !

Et pourquoi 1944 ? Parce qu'il y a eu, cette année-là, une édition exceptionnelle. 1944, c'est la déroute des armées allemandes. Dans leur retraite, les Allemands ont détruit tous les panneaux indicateurs au bord des routes, pour gêner le débarquement des Alliés.

Où trouver suffisamment de plans et de cartes routières pour guider les troupes alliées ? Certains pensent bien à ceux du guide Michelin, mais, problème : depuis 1940, celui-ci n'est plus édité. L'état-major allié a alors une idée incroyable : faire réimprimer à Washington le guide Michelin de 1939. Sur ces exemplaires, il est précisé : « *For official use only* ». Certains Américains ont donc débarqué en Normandie avec le Michelin dans leur paquetage !

**Prix : de 4 euros à 6 000 euros selon l'état, l'ancienneté et la rareté.**

## › LES CARTES POSTALES

500 000 personnes s'intéressent aujourd'hui aux cartes postales anciennes. Un succès qui s'explique en partie par l'incroyable diversité des thèmes proposés. Entre 1900 et 1918 (l'âge d'or de la carte postale), les

éditeurs ont en effet rivalisé d'imagination en proposant des cartes sur les animaux, la publicité, les moyens de transport, les métiers, le sport, le tourisme et même des cartes érotiques...

Malgré cette diversité, un thème sort incontestablement du lot : le régionalisme. Ainsi, 80 % des collectionneurs de cartes postales s'intéressent à des lieux : des rues, des places de villages ou encore des quartiers, qui ont bien souvent marqué leur enfance.

**Prix : de 6 à 150 euros selon son état, son ancienneté, sa rareté (plus un village est petit, moins il a de chances d'avoir été édité, plus la carte aura de la valeur) et la richesse de ses détails (une place de village vide aura moins de valeur qu'une place animée par ses habitants en costumes d'époque).**

## > LES DESSINS DE GERMAINE BOURET

Vous ne connaissez pas Germaine Bouret ? C'est elle qui a dessiné les sublimes bébés pour des marques comme Nestlé ou Blédine.

Germaine Bouret a été l'une des dessinatrices les plus extraordinaires du XXe siècle, « la meilleure au monde » selon Walt Disney ! À partir de 1930 et jusqu'en 1953, elle a réalisé des centaines de dessins humoristiques ou satiriques pour illustrer des cartes postales, des affiches, des albums à colorier, des livres ou des jeux que les collectionneurs sont aujourd'hui prêts à payer très cher. Son thème de prédilection : les enfants, et notamment les enfants potelés,

propres, en bonne santé, élégamment vêtus et espiègles.

**Prix : de 8 euros** pour une carte postale à **plus de 10 000 euros** pour un dessin original.

Pourquoi cette femme qui n'a jamais eu d'enfants n'a-t-elle dessiné que des enfants ? Pourquoi s'est-elle tuée au travail (elle est décédée d'une crise cardiaque sans avoir eu le temps de fêter son quarante-sixième anniversaire) ? Pourquoi est-elle restée si longtemps dans l'ombre ? Toutes ces questions entretiennent aujourd'hui « le » mythe Bouret. Attention, sa cote a explosé et les reproductions pullulent !

## > LES ÉTIQUETTES DE VIN

Certains collectionnent les grands crus, d'autres se contentent des étiquettes ! Et ils sont nombreux, en France, mais aussi à l'étranger. Comme pour les cartes postales, le choix est vaste : animaux, régions de France, événements historiques… Mais une partie de ces collectionneurs s'intéresse tout particulièrement aux grands crus. Et parmi les grands crus, Mouton-Rotschild décroche la palme d'or. La raison en est très simple : depuis 1945, les étiquettes de Mouton-Rothschild sont réalisées par de très grands artistes : Daly, Miró, Chagall, Picasso ou Balthus.

À propos de Balthus, une anecdote : pour la cuvée 1993, le peintre réalise un dessin représentant une femme nue. Scandale aux États-Unis. Une autre étiquette est donc conçue pour les Américains, sans la femme nue. Une étiquette rare, donc très recherchée par les collectionneurs.

**Prix : de 3 à 50 euros** selon l'état, la rareté et l'originalité.

## > LES JOURNAUX D'ÉPOQUE

De plus en plus de sites Internet proposent des journaux anciens. Quels sont les titres les plus recherchés ? Aucun ! Les jeunes créateurs achètent les vieux *Vogue* ; les fans de Johnny et Sylvie craquent pour

de vieux numéros de *Salut les copains*; les fans de polars recherchent davantage des titres comme *Police* ou *Détective*. En revanche, certaines « unes » sont plus cotées que d'autres : *L'Aurore* du 13 janvier 1896 avec le célèbre « J'accuse » de Zola, celle de l'hebdo *Hara-Kiri* qui avait titré en novembre 1970, à la mort de De Gaulle : « *Bal tragique à Colombey : 1 mort* » ou encore celle du *Canard enchaîné* qui avait fait sa une à la mort d'Alexandre Stavisky en 1934 avec « *Stavisky s'est suicidé d'un coup de revolver qui lui a été tiré à bout portant* ».

**Prix : de 15 euros à 3 000 euros (pour le « J'accuse »), selon l'état, le tirage et l'intérêt historique.**

## TRUCS **DE** BROCS

Le papier est un matériau extrêmement fragile. Il craint à la fois l'humidité, les atmosphères trop sèches, la lumière directe...

Pour conserver vos vieux livres, je vous conseille de les envelopper dans un film étirable alimentaire et de

leur trouver un bon abri, le taux d'hygrométrie optimale étant de 50 %.

Pour les manipuler, munissez-vous de gants : la sueur de vos doigts peut les endommager.

Si vos vieux papiers sont tachés de graisse, pas de panique, il existe un truc ! Prenez un buvard et saupoudrez-le de terre de Sommières (on en trouve très facilement dans les drogueries ou magasins de bricolage). Posez ensuite le papier, face tachée sur le buvard, recouvrez-le d'un second buvard et passez un fer à repasser réglé sur une température moyenne sur ces trois épaisseurs. La tache sera absorbée. Il ne vous reste plus qu'à épousseter votre papier. Les taches auront, en principe, disparu.

Enfin, si votre papier est corné ou plié, vous pouvez le coincer entre deux piles de livres ou, là encore, le glisser entre deux feuilles de papier buvard et le repasser.

## LES BONNES PISTES

Il existe en France de très nombreux salons de vieux papiers.

- J'avoue avoir un faible pour le salon du livre, des papiers anciens et des produits régionaux, organisé deux fois par an à l'espace Champerret à Paris, XVII^e^.
- À retenir également le marché aux livres qui a lieu tous les week-ends au marché Brassens, 104 rue Brancion à Paris XV^e^, à l'emplacement des anciens abattoirs de Vaugirard.
- Il existe également des Villages du Livre, qui rassemblent une dizaine ou une vingtaine de libraires : à Bécherel (35), Cuisery (71), ou encore Meilhan-sur-Garonne (47).
- Pensez aussi au Carré des Libraires, rue des rosiers au marché Dauphine des puces de Saint-Ouen (93). ■

LE COIN DES VIEUX PAPIERS

BIEN
CHINER
CHINER

# PAROLES DE BROCS

« NANAR », « BIDOUILLE », « DROUILLE », « BANANE »...
Les brocanteurs utilisent un langage qui leur est propre. Petite leçon de vocabulaire.

ACHETER AU CUL DU CAMION : acheter au moment où la marchandise est déballée. Bien souvent les brocanteurs achètent cette marchandise toute « fraîche » pour la revendre ensuite sur leurs stands.

BANANE : c'est un objet invendable dont le marchand veut se débarrasser.

BIBELOTER : chiner des petits objets de déco.

BIDOUILLER : trafiquer un objet en rajoutant par exemple des pièces qui ne sont pas d'origine dans le but de tromper l'acheteur.

BLAZÉ : se dit d'un meuble ou d'un objet estampillé.

CHÂTEAU : un très bel objet.

CIRONNÉ : se dit d'un meuble en bois qui est infesté par les vers.

CLOUER : retenir un objet qu'on souhaite acquérir, avant de le payer.

DÉROUILLE : réaliser sa première vente de la journée.

DROUILLE : marchandise sans grande valeur.

FAIRE UNE CULBUTE : revendre un objet deux fois plus cher qu'on ne l'a acheté.

GLISSER : vendre un objet en dessous de sa valeur réelle.

METTRE EN NOURRICE : confier un objet à un autre vendeur qui a plus de chance de le vendre.

MOUTON À CINQ PATTES : objet exceptionnel.

NANAR : objet sans aucun intérêt, difficile à écouler.

DANS SON JUS : se dit d'un objet qui est vendu en l'état, sans avoir été retapé ou réparé.

ORPHELIN : objet dépareillé provenant d'une série.

# Photos

Merci à tous les brocanteurs pour leur chaleureux accueil et leur aimable participation.

*Photographies :*
Michaël Amrouche
*Photographie de couverture :*
© Frédéric Cirou

*Pages 6, 51, 54, 134,*
La Pièce Unique
Patrick Trebalag
Puces de Paris Saint-Ouen
Marché Vernaison –
Allée 7 – Stand 142
93400 Saint-Ouen
Tél. : 01 40 12 53 22/
06 64 64 20 91
ptrebalag@yahoo.fr

*Page 7*
Shahryar Antiquités
Puces de Paris Saint-Ouen
Marché Vernaison –
Allée 5 – Stand 91
93400 Saint-Ouen
Tél. : 06 11 48 61 43

*Pages 11, 12, 14, 15,*
*4e de couverture bas droite*
La Puce d'Argent
Orfévrerie et Arts de la table
Puces de Paris Saint-Ouen
Marché Vernaison –
Allée 1 – Stand 34
93400 Saint-Ouen
Tél. : 01 42 64 34 00

*Pages 16, 46, 48, 72, 115, 117, 119*
Ivan Devlay
Puces de Paris Saint-Ouen
Marché Paul Bert –
Allée 5 – Stand 235 & 237
93400 Saint-Ouen
Tél. : 01 40 12 70 87/
06 08 71 79 37

*Pages 19, 21, 99, 102, 147, 159*
Le Stand...
Catherine Thonon
Puces de Paris Saint-Ouen
Marché Vernaison –
Allée 8 – Stand 170
93400 Saint-Ouen
Tél. : 06 22 67 29 02
catherine.thonon@lestand.fr

*Pages 27, 67, 105, 151, 152*
Bachelier Antiquités
Puces de Paris Saint-Ouen
Marché Paul Bert –
Allée 1 – Stand 17
93400 Saint-Ouen
Tél. : 01 40 11 89 98/
02 32 55 71 55
www.bachelier-antiquites.com

*Pages 29, 30, 32, 57*
Pierre Héteau
Cuivres anciens et modernes
Puces de Paris Saint-Ouen
Marché Vernaison –
Allée 7 – Stand 139
93400 Saint-Ouen
Tél. : 06 10 50 65 66

*Pages 35, 36, 37, 63, 107, 110, 112, 113, 125*
Florence Nugue
Puces de Paris Saint-Ouen
Marché Vernaison –
Allée 1 – Stand 29
93400 Saint-Ouen
Tél. : 06 03 49 65 46

*Pages 39, 62, 103*
Percevalcollect
Puces de Paris Saint-Ouen
Marché Paul Bert –
Allée 1 – Stand 100
93400 Saint-Ouen
Tél. : 06 21 33 50 89
percevalcollect@free.fr
www.percevalcollect.com

*Pages 40, 70, 4e de couverture bas gauche*
Francis Zubeck
Puces de Paris Saint-Ouen
Marché Vernaison –
Allée 1 – Stand 17
93400 Saint-Ouen
Tél. : 03 44 21 90 43

*Page 43*
Djame's
Puces de Paris Saint-Ouen
Marché Vernaison –
Allée 1 – Stand 12
93400 Saint-Ouen
Tél. : 06 27 89 20 27/
06 16 95 69 10
djamesbrocante@hotmail.fr

*Pages 47, 75, 76,*
Carpentier Antiquités
Lustrerie – Décoration
Puces de Paris Saint-Ouen
Marché Paul Bert –
Allée 1 – Stand 9 & 11
93400 Saint-Ouen
Tél. : 06 09 69 22 96/
01 43 59 10 27
carpentier-antiquites@
wanadoo.fr
www.carpentier-antiq.com

*Pages 52, 92, 168*
*(© Droits réservés)*
Boulevard des écritures
Véronique François
Puces de Paris Saint-Ouen
Marché Vernaison –
Allée 7 – Stand 128 bis
93400 Saint-Ouen
Tél. : 06 60 98 40 52/
01 46 26 78 23
bld.ecritures@wanadoo.fr

*Page 56*
Flagrants désirs
Patrick Martin
Puces de Paris Saint-Ouen
Marché Vernaison –
Allée 2 – Stand 55
93400 Saint-Ouen
Tél. : 06 86 89 49 11
pickmartin@yahoo.fr

*Pages 59, 64,*
*4e de couverture haut*
Sophie Godard
Puces de Paris Saint-Ouen
Marché Vernaison –
Allée 1 – Stand 32
93400 Saint-Ouen
Tél. : 06 75 12 23 91

*Pages 69, 71, 80*
Antiquités de l'Authie
Puces de Paris Saint-Ouen
Marché Paul Bert –
Allée 2 – Stand 135
93400 Saint-Ouen
Tél. : 03 21 81 23 95/
01 49 45 14 96/06 07 29 94 01

*Pages 78, 79, 85, 86, 87, 91, 94, 95, 155*
Liberty's
Horloges et pendules anciennes – Antiquités – Bijoux Art Déco
Puces de Paris Saint-Ouen
Marché Vernaison –
Allée 3-5 – Stand 105
93400 Saint-Ouen
Tél. : 01 48 82 23 23

*Page 83*
Artémisia
Puces de Paris Saint-Ouen
Marché Vernaison –
Allée 1 – Stand 31
93400 Saint-Ouen
Tél. : 01 40 11 16 95/
06 25 36 60 09

*Page 120*
Sarah Azoulay
Puces de Paris Saint-Ouen
Marché Vernaison –
Allée 5 – Stand 87
93400 Saint-Ouen

*Pages 123, 126, 127, 128, 4e de couverture*
Jeannine Cros
Linge ancien
11, rue d'Assas
75006 Paris
Tél. : 01 45 48 00 67

*Pages 131, 135, 136, 4e de couverture bas milieu*
XXO
78, rue de la Fraternité
93230 Romainville
Tél. : 01 48 18 08 88
infos@xxo.com
www.xxo.com

*Pages 139, 141, 144*
Les Collectionneurs
Bijoux années 30 – Bijoux Bakélite – Objets de collection
Puces de Paris Saint-Ouen
Marché Dauphine – Allées Sainte-Sophie – Stand 67
93400 Saint-Ouen
Tél. : 01 40 12 19 61/
06 84 23 36 41

*Page 143*
Paléophonies
David Winter
Antiquités sonores
16, rue de Vaugirard
75006 Paris
Tél. : 01 46 33 20 17/
06 03 18 05 18
www.paleophonies.com
email@paleophonies.com

*Pages 150, 158*
Présents Passés
Art populaire
Isabelle Maleval
Puces de Paris Saint-Ouen
Marché Dauphine –
Boutique 23
93400 Saint-Ouen
Tél. : 01 40 12 87 36

*Page 160*
Patrick Molina
Puces de Paris Saint-Ouen
Marché Vernaison –
Allée 6– Stand 110 bis
93400 Saint-Ouen

*Pages 163, 164, 167, 170*
M. d'Autreppe
Meubles – Bibelots – Cartes postales anciennes
Puces de Paris Saint-Ouen
Marché Vernaison –
Allée 9 – Stand 234
93400 Saint-Ouen
Tél. : 01 40 11 70 92/
01 47 73 92 01

La toile d'araignée
Gérard Clerc
Puces de Paris Saint-Ouen
Marché Vernaison –
Allée 6 – Stand 100 bis
93400 Saint-Ouen
Tél. : 06 20 83 58 61

Nini peau d'chien
Puces de Paris Saint-Ouen
Marché Vernaison –
Allée 3 – Stand 107
93400 Saint-Ouen
Tél. : 06 62 51 74 56
ninipeaudchien@hotmail.fr

Direction littéraire : Elsa Martinez et Virginie Pechet
Fabrication : Patrick Tollec
Iconographe : Agnès Calvo
Photographe : Michaël Amrouche
Conception graphique & photogravure : Nord Compo

ISBN : 978-2-810000-05-0

Les Éditions du Toucan
9, rue Maurice Mallet
92130 Issy-les-Moulineaux
www.editionsdutoucan.com

Impression : IME
Dépôt légal : Mars 2008
Imprimé en France